课本里的作家

课本里的作家

刘成章散文集:

安塞腰鼓

刘成章 / 著

山东教育出版社
·济南·

图书在版编目（CIP）数据

刘成章散文集：安塞腰鼓 / 刘成章著 . — 济南：
山东教育出版社，2023.7（2023.8 重印）
（爱阅读·课本里的作家）
ISBN 978-7-5701-2504-3

Ⅰ . ①刘… Ⅱ . ①刘… Ⅲ . ①阅读课—初中—教学参
考资料 Ⅳ . ①G634.333

中国国家版本馆 CIP 数据核字（2023）第 070350 号

LIU CHENGZHANG SANWEN JI：ANSAI YAOGU

刘成章散文集：安塞腰鼓

刘成章　著

主管单位：山东出版传媒股份有限公司
出版发行：山东教育出版社
　　　　　地址：济南市市中区二环南路 2066 号 4 区 1 号　邮编：250003
　　　　　电话：（0531）82092600　　　　网址：www.sjs.com.cn
印　　刷：天津泰宇印务有限公司
版　　次：2023 年 7 月第 1 版
印　　次：2023 年 8 月第 2 次印刷
开　　本：700 mm × 1000 mm　1/16
印　　张：14
字　　数：168 千
定　　价：39.80 元

（如印装质量有问题，请与印刷厂联系调换）
印厂电话：022-29649190

高原布景的前面，是一些农家常用的木制条凳。而一帮对襟短打的朴实农民从幕后走出来，手持各种自制乐器，或者拿了大老碗旱烟袋以及线拐子，各自入座。

然而，就在这一刻，一位妇女，一位一年多前刚刚给毛主席做过鞋的妇女，风尘仆仆，又把她亲手做下的一双老虎鞋，给我穿在小脚片儿上。

老虎鞋

河

于是，钓者身边的一切，便进入他们的眼眸了——几根细细的渔竿固定在河边的栏杆上；阳光沐着渔竿；渔竿上是闲淡的、不动声色的铃儿。

一场龙卷风

跑在街上的人们开始弓着腰，用胳膊挡着头脸。风吹得人们举步维艰。

车驶过北大街中段的时候，猛地看见一大团火红的颜色，红得让人精神为之一振的颜色。再一看，是一辆自行车的后面高高挑着一嘟噜红灯笼，灯笼小而繁，足有百十个之多，骑车的是个农民。

火葫芦

种枣

栽枣苗的时候，我认真极了，无异于举行一个隆重的仪式。坑子挖了又挖，只怕枣根伸不开腰腿，受了委屈；肥料称了又称，只怕多了烧坏苗儿，少了营养不良；苗栽得很端；水浇得极透。

总序

　　北京书香文雅图书文化有限公司的李继勇先生与我联系，说他们策划了一套《爱阅读·课本里的作家》丛书，读者对象主要是中小学生，可以作为学生的课外阅读用书，希望我写篇序。作为一名语文教育工作者，在中共中央办公厅、国务院办公厅印发《关于进一步减轻义务教育阶段学生作业负担和校外培训负担的意见》（以下简称"双减"）的大背景下，为学生推荐这套优秀课外读物责无旁贷，也更有意义。

一、"双减"以后怎么办？

　　"双减"政策对义务教育阶段学生的作业和校外培训作出严格规定。我认为这是一件好事。曾几何时，我们的中小学生作业负担重，不少学生不是在各种各样的培训班里，就是在去培训班的路上。学生"学"无宁日，备尝艰辛；家长们焦虑不安，苦不堪言。校外培训机构为了增强吸引力，到处挖掘优秀教师资源，有些老师受利益驱使，不能安心从教。他们的行为破坏了教育生态，违背了教育规律，严重影响了我国教育改革发展。教育是什么？教育是唤醒，是点燃，是激发。而校外培训的噱头仅仅是提高考试成绩，让学生在中高考中占得先机。他们的广告词是"提高一分，干掉千人"，大肆渲染"分数为王"，在这种压力之下，学生面对的是"分萧萧兮题海寒"，不得不深陷题海，机械刷题。假如只有一部分学生上培训班，提高的可能是分数。但是，如果大多数学生或者所有学生都去上培训班，那提高的就不是分数，而只是分数线。教育的根本任务是立德树人，是培根铸魂，是启智增慧，是让学生的德智体美劳全面发展，是培养社会主义建设者和接班人，是为中华民族伟大复兴提供人才，而不是培养只会考试的"机器"，更不能被资本所"绑架"。所以中央才"出重拳""放实招"，目的就是要减轻学生过重的课业负担，减轻家长过重的经济和精神负担。

　　"双减"政策出台后，学生们一片欢呼，再也不用在各种培训班之间来回奔波了，但家长产生了新的焦虑：孩子学习成绩怎么办？而对学校老师来说，这是一个新挑战、新任务，当然也是新机遇。学生在校时间增加，要求老师提升教学水平，科学合理布置作业，同时开展课外延伸服务，事实上是老师陪伴学生的时间增加了。这部分在校时间怎么安排？如何让学生利用好课外时间？这一切考验着老师们的智慧。而开展各种课外活动正好可以解决这个难题。比如：热爱人文的，可以开展阅读写作、演讲辩论，学习传统文化和民风民俗等社团活动；喜爱数理的，可以组织科普科幻、实验研究、统计测量、天文观测等兴趣小组；也可以开展体育比赛、艺术体验（音乐、美术、书法、戏剧……）和劳动教育等实践活动。当然，所有的活动都应以培养学生的兴趣爱好为目的，以自愿参加为前提。学校开展课后服务，可以多方面拓展资源，比如博物馆、图书馆、科技馆、陈列馆、少年宫、青少年活动中心，甚至校外培训机构的优质服务资源，还可组织征文比赛、志愿服务、社会调查等，助力学生全面发展。

二、课外阅读新机遇

近年来，新课标、新教材、新高考成为语文教育改革的热词。我曾经看到一个视频，说语文在中高考中的地位提高了，难度也加大了。这种说法有一定道理，但并不准确。说它有一定道理，是因为语文能力主要指一个人的阅读和写作能力，而阅读和写作能力又是一个人综合素养的体现。语文能力强，有助于学习别的学科。比如数学、物理中的应用题，如果阅读能力上不去，读不懂题干，便不能准确把握解题要领，也就没法准确答题；英语中的英译汉、汉译英题更是考查学生的语言表达能力；历史题和政治题往往是给一段材料，让学生去分析、判断，得出结论，并表述自己的观点或看法。从这点来说，语文在中高考中的地位提高有一定道理。说它不准确，有两个方面的理由：一是语文学科本来就重要，不是现在才变得重要，之所以产生这种错觉，是因为在应试教育的背景下，语文的重要性被弱化了；二是语文考试的难度并没有增加，增加的只是阅读思维的宽度和广度，考查的是阅读理解、信息筛选、应用写作、语言表达、批判性思维、辩证思维等关键能力。可以说，真正的素质教育必须重视语文，因为语文是工具，是基础。不少家长和教师认为课外阅读浪费学习时间，这主要是教育观念问题。他们之所以有这种想法，无非是认为考试才是最终目的，希望孩子可以把更多时间用在刷题上。他们只看到课标和教材的变化，以为考试还是过去那一套，其实，考试评价已发生深刻变革。目前，考试评价改革与新课标、新教材改革是同向同行的，都是围绕立德树人做文章。中共中央、国务院印发的《深化新时代教育评价改革总体方案》明确指出："稳步推进中高考改革，构建引导学生德智体美劳全面发展的考试内容体系，改变相对固化的试题形式，增强试题开放性，减少死记硬背和'机械刷题'现象。"显然就是要用中高考"指挥棒"引领素质教育。新高考招生录取强调"两依据，一参考"，即以高考成绩和高中学业水平考试成绩为依据，以综合素质评价为参考。这也就是说，高考成绩不再是高校选拔新生的唯一标准，不只看谁考的分数高，而是看谁更有发展潜力、更有创造性，综合素质更高，从而实现由"招分"向"招人"的转变。而这绝不是仅凭一张高考试卷能够区分出来的，"机械刷题"无助于全面发展，必须在课内学习的基础上，辅之以内容广泛的课外阅读，才能全面提高综合素养。

三、"爱阅读"助力成长

这套《爱阅读·课本里的作家》丛书是为中小学生读者量身打造的，符合《义务教育语文课程标准》倡导的"好读书、读好书、读整本的书"的课改理念，可以作为学生课内学习的有益补充。我一向认为，要学好语文，一要读好三本书，二要写好两篇文，三要养成四个好习惯。三本书指"有字之书""无字之书""心灵之书"，两篇文指"规矩文"和"放胆文"，四个好习惯指享受阅读的习惯、善于思考的习惯、乐于表达的习惯和自主学习的习惯。古人说"读万卷书，行万里路"，实际上就是要处理好读书与实践的关系。对于中小学生来说，读书首先是读好"有字之书"。"有字之书"，有课本，有课外自读课本，还有"爱阅读"这样的课外读物。读书时我们不能眉毛胡子一把抓，要区分不同的书，采取不同的读法。一般说来，读法有精读，有略读。精读需要字斟句酌，需要咬文嚼字，但费时费力。当然也不是所有的书都需要精读，可以根据自己的需要决定精读还是略读。新课标提倡中小学生进行整本书阅读，但是学生往往不能耐着性子读完一整本书。新课标提倡的整本书阅读，主要是针对过去的单篇教学来说的，并不是说每本书都要从头读到尾。教材设计的练习项目也是有弹性的、可选择的，不可能有统一的"阅读计划"。我的建议是，整本书阅读应把精读、略读与浏览结合起来，精读重在示范，略读重在博览，浏览略观大意即可，三者相辅相成，不宜偏于一隅。不仅如此，学生还可以把阅读与写作、读书与实践、课内与课外结合起来。整本书阅读重在掌握阅读方法，拓展阅读视野，培养读书兴趣，养成阅读习惯。

再说写好两篇文。学生读得多了，素养提高了，自然有话想说，有自己的观点和看法要发表。发表的形式可以是口头的，也可以是书面的，书面表达就是写作。写好两篇文，一篇规矩文，一篇放胆文。规矩文重打基础，放胆文更见才气。规矩文要求练好写作基本功，包括审题、立意、选材、构思等，同时还要掌握记叙文、议论文、说明文、应用文的基本要领和写作规范。规矩文的写作要在教师的指导下进行。放胆文则鼓励学生放飞自我、大胆想象，各呈创意、各展所长，尤其是展现自己的写作能力、语言表达能力、批判性思维能力和辩证思维能力。放胆文的写作可以多种多样，除了大作文，也可以写小作文。有兴趣的学生还可以进行文学创作，写诗歌、小说、散文、剧本等。

学习语文还要养成四个好习惯。第一，享受阅读的习惯。爱阅读非常重要，每个同学都应该有自己的个性化书单。有的同学喜欢网络小说也没有关系，但需要防止沉迷其中，钻进"死胡同"。这套《爱阅读·课本里的作家》丛书，给中小学生课外阅读提供了大量古今中外的名家名作。第二，善于思考的习惯。在这个大众创业、万众创新的时代，创新人才的标准，已不再是把已有的知识烂熟于心，而是能够独立思考，敢于质疑，能够自己去发现问题、提出问题和解决问题，需要具有探究质疑能力、独立思考能力、批判性思维和辩证思维能力。第三，乐于表达的习惯。表达的乐趣在于说或写的过程，这个过程比说得好、写得完美更重要。写作形式可以不拘一格，比如作文、日记、笔记、随笔、漫画等。第四，自主学习的习惯。我的地盘我做主，我的语文我做主。不是为老师学，也不是为父母长辈学，而是为自己的精神成长学，为自己的未来学。

愿广大中小学生能借助这套《爱阅读·课本里的作家》丛书，真正爱上阅读，插上想象的翅膀，飞向未来的广阔天地！

目录

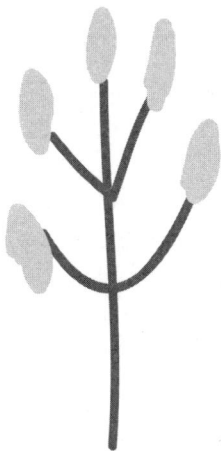

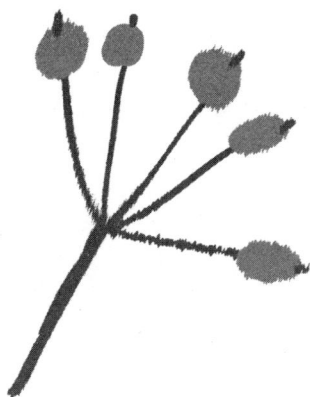

我爱读课文

原文赏读

安塞腰鼓

体　　裁：散文

作　　者：刘成章

创作时间：20世纪80年代初

作品出处：部编版语文八年级（下册）

内容简介：这篇散文通过对安塞腰鼓表演前、表演中、表演后三个场面细致入微的描写，表现了西北汉子的阳刚之美和要冲破束缚的强烈愿望，歌颂了激荡的生命和磅礴的力量，歌颂了中华民族以及黄土高原特有的文明。同时作者也赞美了坚韧、朴实的劳动人民，更赞美了一种自由、坦诚、热烈奔放、坚韧顽强的生命状态。

////////////////////// 读前导航 //////////////////////

阅读准备

　　刘成章具有陕北风情的散文,取材于他自己的生活历程和游踪,具有浓郁的乡土气息和强烈的时代感;同时在语言表现上借鉴陕北民歌"信天游"的神韵,通过诗化的形式,进行简约而巧妙的构思。丰富而大胆的想象与联想,构成了刘成章陕北风情散文的绚丽色彩;幽默与诙谐的情趣,表现出刘成章陕北风情散文的情趣美;具有浓郁乡土气息且声情并茂的语言,构成刘成章陕北风情散文的语言特色。

目标我知道

学习目标	了解作者及写作背景
	理解课文中的关键语句
	识记"羁绊""冗杂""戛然而止"等重点词语
学习重点	总结安塞腰鼓的特点，理解其中所蕴含的民俗文化的价值和意义
学习难点	体会文中多种表达方式和多种修辞手法综合运用的效果
情感目标	感受文中呈现出的生命律动及丰富的文化内涵，体会作者对生命与力量的赞颂
	激发并培养热爱祖国优秀文化的情感

背景我来探

　　20世纪80年代，面对祖国改革开放日新月异的景象，刘成章抑制不住内心的激动。他感悟到"安塞腰鼓"不仅是陕北这块古老的黄土地的地域文化，也是中华民族坚毅不屈、意气风发、积极进取、蓬勃向上的精神象征。他决定用"安塞腰鼓"这种特定的意象来传达他对生活、对时代的感受，传达他对生命的诗意理解！

//////////////////// 精彩赏读 ////////////////////

课本原文

安塞腰鼓

【茂腾腾】陕北方言，形容有活力的样子。

① 一群茂腾腾的后生。

② 他们的身后是一片高粱地。他们朴实得就像那片高粱。

③ 咝溜溜的南风吹动了高粱叶子，也吹动了他们的衣衫。

【后生】青年男子。

④ 他们的神情沉稳而安静。紧贴在他们身体一侧的腰鼓，呆呆的，似乎从来不曾响过。

【第一部分（①—④段）：写安塞腰鼓表演前的沉稳和安静。】

⑤ 但是：

⑥ 看！——

⑦ 一捶起来就发狠了，忘情了，没命了！百十个斜背响鼓的后生，如百十块被强震不断击起的石头，狂舞在你的面前。骤雨一样，是急促的鼓点；旋风一样，是飞扬的流苏；乱蛙一样，是蹦跳的脚步；火花一样，是闪射的瞳仁；斗虎一样，是强健的风姿。黄土高原上，爆出一场多么壮阔、多么豪放、多么火烈的舞蹈哇——安塞腰鼓！[1]

[1] 赞美安塞腰鼓表演时的雄壮气势。

（段解：写后生们舞动腰鼓时的豪放、火烈，突出腰鼓舞动起来的整体气势。）

⑧ 这腰鼓，使冰冷的空气立即变得燥热了，使恬静的阳光立即变得飞溅了，使困倦的世界立即变得亢奋了。

⑨ 使人想起：落日照大旗，马鸣风萧萧！ [1]

⑩ 使人想起：千里的雷声万里的闪！

⑪ 使人想起：晦暗了又明晰，明晰了又晦暗，尔后最终永远明晰了的大彻大悟！

（段解：如此壮阔、热烈的腰鼓表演，产生了惊人的艺术效果。）

⑫ 容不得束缚，容不得羁绊，容不得闭塞。是挣脱了、冲破了、撞开了的那么一股劲！

⑬ 好一个安塞腰鼓！

层解：第二部分第一层（⑤—⑬段）写安塞腰鼓的舞姿及带给人的联想。

⑭ 百十个腰鼓发出的沉重响声，碰撞在四野长着酸枣树的山崖上，山崖蓦然变成牛皮鼓面了，只听见隆隆，隆隆，隆隆。

⑮ 百十个腰鼓发出的沉重响声，碰撞在遗落了一切冗杂的观众的心上，观众的心也蓦然变成牛皮鼓面了，也是隆隆，隆隆，隆隆。

⑯ 隆隆隆隆的豪壮的抒情，隆隆隆隆的严峻的思索，隆隆隆隆的犁尖翻起的杂着草根的土浪，隆隆隆隆的阵痛的发生和排解……

⑰ 好一个安塞腰鼓！

[1] 引用杜甫的诗句，突出安塞腰鼓的表演场面如战场一般恢宏壮阔。

【大彻大悟】彻底觉悟或醒悟。

【蓦（mò）然】突然，猛然。

【冗（rǒng）杂】繁杂。

层解：第二部分第二层（⑭—⑰段）写观众和鼓声产生了共鸣，给人震撼和鼓舞。

【烧灼（zhuó）】这里指热情激荡。

⑱ 后生们的胳膊、腿、全身，有力地搏击着，疾速地搏击着，大起大落地搏击着。它震撼着你，烧灼着你，威逼着你。它使你从来没有如此鲜明地感受到生命的存在、活跃和强盛。它使你惊异于那农民衣着包裹着的躯体，那消化着红豆角角老南瓜的躯体，居然可以释放出那么奇伟磅礴的能量！

【磅礴（páng bó）】（气势）盛大。

⑲ 黄土高原啊，你生养了这些元气淋漓的后生；也只有你，才能承受如此惊心动魄的搏击！

【惊心动魄】形容使人感受很深，震动很大。

⑳ 多水的江南是易碎的玻璃，在那儿，打不得这样的腰鼓。

㉑ 除了黄土高原，哪里再有这么厚这么厚的土层啊！

[1] 反复出现，使安塞腰鼓的内涵不断加深，也使作者的赞美之情不断深化。

㉒ 好一个黄土高原！好一个安塞腰鼓！[1]

层解：第二部分第三层（⑱—㉒段）写安塞腰鼓给人的心灵带来了震撼。

㉓ 每一个舞姿都充满了力量。每一个舞姿都呼呼作响。每一个舞姿都是光与影的匆匆变幻。每一个舞姿都使人战栗在浓烈的艺术享受中，使人叹为观止。

【叹为观止】赞美看到的事物好到极点。

㉔ 好一个痛快了山河、蓬勃了想象力的安塞腰鼓！

㉕ 愈捶愈烈！形体成了沉重而又纷飞的思绪！

㉖ 愈捶愈烈！思绪中不存任何隐秘！

㉗ 愈捶愈烈！痛苦和欢乐，生活和梦幻，摆脱和

追求，都在舞姿和鼓点中，交织！旋转！凝聚！奔突！辐射！翻飞！升华！人，成了茫茫一片；声，成了茫茫一片……

层解：第二部分第四层（㉓—㉗段）写安塞腰鼓的舞姿和节奏。

【第二部分（⑤—㉗段）：写安塞腰鼓的表演达到高潮，人、舞、鼓汇成了茫茫一片，场面宏大。】

㉘当它戛然而止的时候，世界出奇地寂静，以至使人感到对她十分陌生了。

㉙简直像来到另一个星球。

耳畔是一声渺远的鸡啼。

【第三部分（㉘—㉙）：写表演结束时安塞腰鼓戛然而止的寂静。】

【戛（jiá）然而止】声音突然中止。

【渺（miǎo）远】遥远。

作品赏析

《安塞腰鼓》这篇散文综合运用了多种写作方法，点面结合、动静结合，展现了安塞腰鼓表演前的安静、表演中的激昂、表演后的寂静这三个场面，震撼人心。文章大量运用反复、比喻、排比等修辞手法，使文章语言生动，形象直观，突出了安塞腰鼓震撼人心的力量美；同时文章中多短句，使语句铿锵有力。文章的静态描写和动态描写也非常生动；议论和抒情的语句，更是抒发了作者对高原后生和高原腰鼓的赞美之情。

/////////////// 积累与表达 ///////////////

日积月累

"安塞腰鼓"的由来

"安塞腰鼓"是流传在陕西省北部延安市安塞区一带的一种民间广场群体艺术，展现了陕北人民的一腔热血，是陕北民间艺术中独特而具代表性的艺术形式。它在长期流传过程中形成了粗犷豪放、刚劲激昂、气势磅礴、威猛刚烈、铿锵有力、舞姿优美、潇洒大方、快收猛放、有张有弛、群而不乱、变化多端等特点。"安塞腰鼓"融舞蹈、武术、体操、打击乐、吹奏乐、民歌为一体。1996年，安塞县（今安塞区）被文化部命名为"中国腰鼓之乡"，"安塞腰鼓"被称为"天下第一鼓"。2006年5月20日，安塞腰鼓经国务院批准列入第一批国家级非物质文化遗产名录。

读后感想

读《安塞腰鼓》有感

安塞腰鼓是黄土高原养育的子孙——陕北人民创造出来的艺术舞蹈，那磅礴的气势令人叹为观止。

《安塞腰鼓》这篇散文描写了黄土高原上的人民旺盛的生命与磅礴的力量。

腰鼓未响时，只见"唰溜溜的南风吹动了高粱叶子，也吹动了他们的衣衫"。后生们沉稳而安静，腰鼓也静静地贴着，这种蓄势待发的状态给后文爆发的力量做了铺垫。整个画面给人一种空旷、肃静的感觉，让人思绪飘飞。

而后生们一旦敲响腰鼓便"发狠了，忘情了，没命了"，让"冰冷的空气立即变的燥热了"，使"恬静的阳光立即变的飞溅了"，把"困倦的世界立即变得亢奋了"。文章一步一步，将后生们捶腰鼓的激情，尽情地展现在我们眼前。后生们的"胳膊、腿、全身有力地搏击着""每个舞姿都充满力量""都是光与影的变幻"场面令人惊叹不已。

文中对节奏的描写，是我最喜欢的部分："骤雨一样，是急促的鼓点；旋风一样，是飞扬的流苏；乱蛙一样，是蹦跳的脚步；火花一样，是闪射的瞳仁；斗虎一样，是强健的风姿。"这一段使用了排比和比喻，把敲响腰鼓的壮阔、豪放描写得淋漓尽致，使人如临其境，如闻其声。最终，人、舞、鼓，化为茫茫一片……

待到腰鼓声戛然而止的一瞬间，"世界出奇地静，以至使人感到对她十分陌生了。简直像来到另一个星球"，这里把激情过后的冷静，写得绘声绘色。而"远处传来的一声鸡啼"，更昭示着新的希望！

作为腰鼓，它是粗犷的、激昂的，亦是豪放的。作为一种精神，它是不屈不挠的，是蓬勃向上的。作为一种力量，它是震撼人心的，是磅礴的。它的鼓声是铿锵有力的，是催人奋进的。

这就是我们的陕北第一鼓——安塞腰鼓！让我们与安塞腰鼓一起，燃烧热情，燃烧青春吧！

精彩语句

1.《安塞腰鼓》这篇散文描写了黄土高原上的人民旺盛的生命与磅礴的力量。

用一句话说明课文带给作者的感受，这种生命与力量表现在哪里呢？下文进行了具体的描写。

2.文中对节奏的描写，是我最喜欢的部分。

详细描写"我"最喜欢的部分，通过作者的描写可以感受到鼓声的魅力。

妙笔生花

读过刘成章的《安塞腰鼓》，你有何感想呢？动动手中的笔，写下来吧！

//////////////////// 知识乐园 ////////////////////

一、下列词语书写正确的一项是（   ）。

A. 高粱   羁绊   容杂   叹为观止

B. 恬静   亢奋   壮阔   大彻大悟

C. 振撼   磅礴   束傅   惊心动魄

D. 晦暗   烧焯   渺远   嘎然而止

二、品味下列语句的意义。

（1）这腰鼓，使冰冷的空气立即变得燥热了，使恬静的阳光立即变得飞溅了，使困倦的世界立即变得亢奋了。

_____

_____

（2）容不得束缚，容不得羁绊，容不得闭塞。是挣脱了、冲破了、撞开了的那么一股劲！

_____

_____

（3）百十个腰鼓发出的沉重响声百十个腰鼓发出的沉重响声，碰撞在遗落了一切冗杂的观众的心上，观众的心也蓦然变成牛皮鼓面了，也是隆隆，隆隆，隆隆。

_____

_____

三、一捶起来就发狠了，忘情了，没命了！百十个斜背响鼓的后生，如百十块被强震不断击起的石头，狂舞在你的面前。骤雨一样，是急促的鼓点；旋风一样，是飞扬的流苏；乱蛙一样，是蹦跳的脚步；火花一样，是闪射的瞳仁；斗虎一样，是强健的风姿。黄土高原上，爆出一场多么壮阔、多么豪放、多么火烈的舞蹈哇——安塞腰鼓！

本段运用的修辞手法是（　　　　），突出了安塞腰鼓的＿＿＿＿

＿＿＿＿＿＿＿＿＿＿＿＿＿＿＿＿＿＿＿＿＿＿＿＿＿＿＿＿＿＿

＿＿＿＿＿＿＿＿＿＿＿＿＿＿＿＿＿＿＿＿＿＿＿＿＿＿＿＿＿＿

四、下面对这篇散文的赏析，不正确的两项是（　　　）（　　　）。

A.本文的材料是按照打腰鼓前——打腰鼓的过程——停止之后的时间顺序来安排的。

B.使人想起"落日照大旗，马鸣风萧萧"，意即听了安塞腰鼓，使人想起千军万马急行军的情景。

C."遗落了一切冗杂的观众"意即观众在欣赏安塞腰鼓艺术时专心致志，抛弃了一切世俗杂念，灵魂得到升华。

D."隆隆隆隆的阵痛的发生和排解"意味着安塞腰鼓的沉重鼓声可以催发新生命的诞生，这个新生命就是中国的现代化。

E."当它戛然而止的时候，世界出奇的寂静""简直像来到了另一个星球"，写出了经过强烈音响刺激之后，猛然静下来的真实感受。

作家经典作品

自主阅读

转九曲

踩着薄薄的积雪，我来到赵家沟了。

这儿离延安城八十多里。村子不大，却新箍了几十孔石窑，老远望去，齐整整、灰蓬蓬的。清一色的响门亮窗，贴了红艳艳的对联和窗花。生活的富足、春节的热火以及乡亲们心头的喜悦，像一坛美酒飘出香味，直扑我的肺腑。

村前学校的操场上，已经扫净积雪，有一伙穿着整洁的男社员，正在挖坑坑，栽高粱秆儿。不用问我就知道，他们是在为转九曲做准备工作。

我是专为观看转九曲而来的。

相传，九曲，又叫九曲黄河阵，是我国古代作战的一种阵法。后来，陕北民间欢度春节的时候，照此阵法布置华灯，让人们在九曲灯火中转悠徜徉，纵情欢乐，这就叫转九曲。我的衣胞虽然埋在延河畔上，我又喝延河水长大，可是总也没有机会领略它的丰采。——前些年世事乱哄哄的，谁有心思去闹腾？现在好了，延安地区粮食大增产，群众过上了顺心的日子，这欢度春节的古老习俗，又要在人们心中开花了：城里闹，乡间也闹。由于多年来舞文弄墨，我偏爱最浓的乡土气息，所以舍近求远，赶到这儿来了。

社员们和我攀谈了一阵之后，熟了，不避我，跟一个小伙子开起了玩笑。我这才注意到，那小伙子还留着大鬓角呢。曾几何时，熏熏南窗风，竟也吹到这偏远的山沟。一个被人们称作杨大伯的老头逗着"大鬓角"：

"嗨！说你是个男的，头发长了那么长；说你是个女的，又不扎辫辫！"

这话引起一片笑声。"大鬓角"笑着去扭扮怪相的胖后生的胳膊，胖后生绕着人群躲闪。我看"大鬓角"的一举一动，还是朴实可爱的。

队长三十多岁，长得虎势势的，也跟大伙一起笑。静下来后，他却严肃地对"大鬓角"说：

"快把你那头推了！我有言在先：不推头，不准参加转九曲！"

"大鬓角"不服气地扭了一下脖子，但是他的脸红了，挖着坑坑，低头不语。

我老早就看见，他们栽的高粱秆儿，和长在地里时正好相反，都是梢梢朝下，毛根朝上，那毛根并且都是剪齐了的。我问这是什么讲究，队长说：

"每根高粱秆上都要搁一盏灯呢。"

这我知道，高粱秆是作灯柱用的。

"毛根朝上，剪齐修平，灯盏才能搁住。"

我原来想得多笨，以为灯儿是用绳绳挂上去的，笨到家了。不来这儿看看，哪里会知道还有这些奥妙呢？

队长见我走累了，撇下正干的活儿，把我领进村子，安排在公窑里，让我先歇着。待了一个钟头后，听人说，上院窑里正做灯呢，我于是急切切走去。

老远就听见妇女们的说笑声。进窑一看，大姑娘小媳妇的，人人都在忙活：有的做灯盏，有的做灯筅，有的做灯罩。灯盏是用洋芋削的，削成方的、圆的、五角形的，再在上面挖个盛油坑，就算成了。灯筅呢，是用高粱秆顶端上的"蒹蒹"，也就是结穗子的那细细长长的部分，一劈两半儿，剪成一寸长短，每两节用灯芯绑成一个"十"字，并让灯芯在"十"字的交点上竖起来，也就算成了；用的时候，灯筷是漂在灯油上的。灯罩很漂亮，是用红绿纸糊的。

我实在惊服妇女们的巧手，她们做出来的每一件几乎都是工艺品，都可以拿出去展览。我不由夸赞了几句。一个姑娘却开口了：

"老麻子开花转圈圈红，再不要能格滟滟笑话人！"

她顺口说出的，竟是十分生动的信天游。她的声调就像弹琴。我不能不留意她了：穿件红袄，瓜子脸粉白粉白，眉里眼里都像藏着聪明。听口音，老家一定是绥、米一带的。我说：

"还敢笑话？学都学不来呢！"

"快别给人戴二尺五了！"她捋了一把头发，"一条川都没有比我更瓷的人了。要见巧媳妇，在隔壁窑里呢！"

人们说，这女子名叫叶叶。

正说着，窗棂上嘭的一声，像是小石子儿打上的声音。妇女们全笑了，只有叶叶低下头来。一个削灯盏的媳妇笑说：

"叶叶，快去吧，人家等急了！"

"叫他等吧！急死他！"叶叶说。她的脸涨得红红的。

什么人喊她，我已猜出几分，但刚来，还不便开玩笑，就去看巧媳妇了。

坐在隔壁窑里妇女群中的，真是一个使人为之倾倒的"巧媳妇"，虽然她已抱上孙子、脸上爬满皱纹了。她正为大灯笼赶做剪纸。我简直目瞪口呆了。她不画任何图样，一剪子下去就剪出一支秧歌队：足有四五十个秧歌队员，面容迥异，栩栩如生，舞步好像还带着风声呢。剪它用的时间，大约只有二十分钟。妇女们介绍说，当年，她年轻的时候，还给毛主席表演过剪窗花呢。

九曲究竟是怎么转的，我还没有看到。我看到的只是为转九曲做的准备工作，但我心头已注满了兴奋。

晚饭之后，飘雪了。小小的、薄薄的雪花。晚饭的羊肉香、油糕香、米酒香，和雪花的韵味融在一起，在山村漫延。一整天没有停息的说笑声，也融在里面，更加响亮起来。接着，锣鼓响了，唢呐响了，蹲在各家硷畔上的白狗或黑狗，也争争抢抢地叫开了。男男女女，老老少少，秧歌队员，流水般向学校操场涌去——转九曲的时刻到了！

我夹在人流中，跟着队长大步行走。雪花落在我的脸上，凉凉的，痒痒的。谁家的孩子直往前窜，差点儿把我绊倒；队长赶忙扶住我，一边骂那孩子，一边叮嘱我要小心点，走慢点。其实呢，他却越走越快，后来索性拉着我跑起来了。我心里清楚，多年来这村子头一回转九曲，怕搞乱了，队长急着前去照料。跑就跑吧，我从小爬惯家乡这山山洼洼，没有那么娇嫩。我也愿意跑，先睹为快呵！

九曲灯火闪耀在我们眼前了。搭眼看去，繁星点点，光华四射，照亮了山沟，照亮了漫天飞舞的雪花。我一时觉得，好像在哪儿见过这样的情景。哦，想起来了，我见过。去年国庆后的第二天，我乘飞机从首都飞回西安，遥望古城灯火，不就和这很相像么？只是，那规模要大得多，今晚仅算它的缩影。然而眼下这灯火，竖成列，横成行，再加上这带着光晕的千万片雪花，造成一片漾漾烁烁、迷迷离离的景致，比那回所看到的更引人入醉。

我看见，十个大灯笼高悬在操场的四周。"巧媳妇"剪下的秧歌队剪纸，就贴在这些灯笼上。突然间，是灯笼上的秧歌队跳下来了吗？为什么遍地彩绸飘飞，舞姿翩翩？

锣鼓唢呐声中，秧歌队以"伞头"为前导，首先穿游进灯火之中，"伞头"手中的花伞，应和着锣鼓点，一起一伏，团团旋转，宛若漂浮在九曲黄河的漩涡上；秧歌队员手中的彩绸，不断地舞起来，像给九曲黄河的上空，抹上片片云霞。花伞旋转时，亮晶晶的雪花也旋转；彩绸飞起时，亮晶晶的雪花也飞起。这花伞，这彩绸，还有这片片雪花、张张笑脸，都被灯火照耀着，都在九曲波涛中旋转狂欢。

秧歌队优美、奔放的舞姿，使我看得眼花缭乱，惊羡不已。我在专业剧团工作过好多年，我熟悉不少演员，他们之中一些人很有点儿艺术造诣，但要表演出这么一股子激情来，几乎没一个能够办到。"巧媳妇"剪下的秧歌队也要自愧弗如。我想，眼前这支欢舞在九曲灯火中的秧歌队，也可以说是剪下的，但它是用传统和现实的巨剪所剪，贴在我们美好生活的硕大无比的灯笼上。

我跟着群众的队伍，也穿游进去。好像世界上的一切光亮，一下子全聚在这里了。灯是亮的，眼睛是亮的，笑脸是亮的，身影是亮的，连刮的风也是亮的。一片片飘飞的雪花，携着光圈，就像一盏盏飘飞的小灯。我看见，我们这亮亮的行列中，有亮亮的老头，有亮亮的老婆，还有被亮亮的妈妈牵着手的亮亮的孩子。全村所有的人——上自八十九，下至刚会走，大概全来了。一个个亮亮的，喜眉笑眼，脚步儿轻轻，踩着鼓点，踩着雪花，踩着光亮欢乐地游转。

我的心头，也亮起来了，升起一道联想的彩虹。我想这一盏盏华灯，多像一朵朵盛开的山花，人们多像蝴蝶飞来绕去，扇动着亮亮的翅膀；我想这一盏盏华灯，多像一穗穗成熟的高粱，人们多像拿着镰刀，多像拿着磨了又磨、闪光发亮的镰刀，正在唱出嚓嚓嚓的亮亮的歌声；我还想，这华灯整整齐齐，一行一行，多像一曲美丽乐章的五线谱，多像一根根颤动的琴弦，人们多像飘飞荡漾的亮亮的音符……

一阵哄笑声响起，只见人们一齐向我的身后望去。我忙转过脸，原来是紧挨我的杨大伯，也居然扭起了秧歌。他身上抖下片片光亮，片片雪花。看样子，他曾经定是扭秧歌的好手，胳膊腿儿都透着美感，只是现在为了招人乐，故意把动作搞得非常夸张。待他尽兴之后，我问：

"大伯，你多大年纪了？"

"十六了！"他笑答。眉毛上抖下一缕光亮，几粒雪花。

"六十了。"队长解释道，"他小的时候，周恩来同志还给他教过字呢。"

"你真幸福呀！"锣鼓声中，我望着杨大伯，提高了声音。我觉得，我的眼里飘进一缕光亮，嘴里飘进几片雪花。

"当年幸福，如今也算幸福，中间几年嘛，"大伯说着唉了一声，"幸福到黑窟窿里了，捞了条讨饭棍！"待了会他又说，"不说那些了。我只想叫你知道，光去年，我就打了八千斤粮食！"

杨大伯按捺不住满心的喜悦。他希望我转告那些在延安工作过的老同志，延安又红盛了，又和大生产时一样了，人人有吃有穿，喜格眯眯，希望他们有机会都能回来看看。灰暗的色彩，只是在人们心中一闪，逝去了。眼前的一切，如此敞亮。

但我忽然想起"大鬓角"了，左瞅右瞅不见他，我心中多少有些惆怅。我不由捅捅走在我前头的队长，说他不该下了那么严厉的命令，把那青年隔在欢乐的人群之外。队长挥手指指我们的左方：

"那不是？他来了！"

我目光瞟过几行灯去，仔细一看，是他，不过他已推了头，留着和别的后生一样的发式。他前头的姑娘是谁呢？和他那么亲热，转过身嫣然一笑，向他塞了一把什么东西，他大口大口吃了起来。连雪花，连灯光，一起吞下去了，喜滋滋的。我终于认出，那姑娘是叶叶。队长说：

"一对情人。不让留大鬓角，其实是叶叶的意思。女子厉害着呢，说要继续留着，没二话，就吹！我能不成全他们？”

队长的声音，也似乎含着光，发着亮。九曲灯火照耀之下，一切是这么和谐，这么充实，这么富于魅力。我感到，我和这些淳朴憨厚的庄户人，正在闪光的诗行中流连。

雪大了，纷纷扬扬。雪花上的光晕也大了，一圈一圈。人们的头上、眉上、肩上，全落上一层雪，又重上一层光，如玉雕一般。雪大情也涨，谁愿离去？人们在光和雪中，更加欢乐地旋转狂欢。

过一盏灯，又一盏灯。每盏灯象征一天，一共是三百六十五盏灯，象征整整一年。我祝福人们：我们的每一天都是明亮的！

过一盏灯，又一盏灯。九曲灯火，好像我们前进的道路。我们的来路是曲折的，去路也是曲折的。但在曲折的路上，在有艰难和痛苦的地方，也像今晚一样，虽然落着雪，总有光辉照耀我们。我们永不气馁。即使有时候落下几滴悲伤的泪水，这泪水也饱含着希望之光！

过一盏灯，又一盏灯。我浮想联翩，思绪翻飞，转出了九曲灯火。

我多么依恋呵！回头望着，我真想返回去，撕几片光亮，像带着一首诗，像初恋时带着情人赠送的手绢，常常带在身旁。我想这片片光亮，今夜闪在家家窑洞里，一定会给全村老小，编织一个透明的、甜甜的梦吧。

关中味

不知哪辈子，也许可以追溯到大批工匠烧制秦俑的年代，关中农民和油泼辣子邋邋面，就结下了不解之缘。即使一年到头天天以此为食，他们也决不腻烦。他们几乎认为，所谓幸福生活，那完全是其他方面的事情，至于饮食，有一碗油泼辣子邋邋面在口里稀溜稀溜地受用着，便觉得天也蓝，水也绿，鲜花也似锦，自己则美活得就像个天字第一号的皇帝老子了。甚至连一些出身于关中农村的干部、教授、工程师，也不能摆脱这种习性，一如他们的普通话里总夹杂着乡音一般。他们虽然已离家几十年了，生活也优裕，居室陈设一派都市气氛，但隔三岔五的，也不忘吃一顿油泼辣子邋邋面。尤有甚者，习性执拗得如华山不可动摇，不管在家还是出门，非此面不食。人家把他请到宴会上，他望着山珍皱眉，望着海味皱眉，好像那七碟子八碗都是他的前世冤家；要是主人知道个中原因，立即命厨师专门为他做一碗油泼辣子邋邋面端上来，他便会像诗圣杜甫闻官军收河南河北一般狂放，假使不怕有失体统，真要漫卷点什么东西了——也许就是碗中之面。

油泼辣子邋邋面，关键在于一个"泼"字。不是滴，不是淋，而是泼，像泼水一样泼。这就要求有较多的油。除油之外，还要有辣子和面粉。烹饪也不难：先把面粉做成厚而韧的面片，煮熟，捞在大碗里，然后把一勺烧得冒烟起火的菜油——浪漫极了，看起来是一勺飘动的火焰,一勺艳鲜的霞光——兹啦一声泼上去,这就好了。一碗油和辣子撞击出来的香味,一碗丰厚而凌厉的刺激,香得很。

关中农村最美丽的景色,最使人感动、最使人难忘的景色,就是围绕这一碗油泼辣子邋邋面而展开的。

春天,你乘着火车,在关中大平原上飞驰。你累得很,不管车厢怎么晃荡,睡了一觉又一觉。也许是前来倒水的列车员把你碰了一下,你不经意地睁了睁眼睛,昏沉沉准备继续再睡;可是这一睁之间,已有一股力量叩响你的心头,你为之震惊,清醒过来。你朝车窗看出去,啊!那么灿烂的颜色!那么艳黄的颜色!一片!一片!又一片!

那是盛开的油菜花,那是我们共和国国旗五颗金星才有的颜色。擦着车窗,擦着睫毛,一片一片飞过。你的精神亢奋起来,再也睡不着,一任那浩阔的金黄向你劈头盖脸地喷洒。这时候,你如果吟出一首诗来,那每一行,每一字,每一个标点符号,都应是24K的纯金!

深秋,在关中平原的一些地方,在一些地方的公路两侧,几乎是一夜之间,矗立起一道又一道高墙。你在那高墙间的巷道上行走,怎么也走不到头,就像走进了一个人迹罕至的大峡谷。那高墙是绿的翡翠和红的玛瑙镶嵌成的,一闪一闪地发光。好奢华的墙啊!

那是收挂起来的辣子。你一定早已嗅到那火烈辛辣的气味了。天空射来的太阳光线,在辣子上磨过,都成了红热而扎人的细铁丝。连鸟儿也唱着带刺的歌。

在这儿,辣子,似乎不再是被人们一小撮一小撮食用的调料了,而是以十吨计、百吨计的煤炭之类的东西。忙碌而豪爽的大卡车从这高墙间驰过,笛鸣三声,声声喊叫着:辣!辣!辣!而那高墙就像两排关中后生，哗笑起来。

小麦是关中平原最常见的装饰。它装饰着冬，装饰着春，装饰着初夏，以绿。广袤的田野因了它显出一派安详、温馨、无思无虑的气氛。快到端阳节①，它开始成熟了，似有一把奇大无比的刷子，蘸着黄中透红的颜色，在那碧绿的平原上，以一分钟一个村、一点钟一个乡、一天一个县的速度，从东到西刷过去，从潼关刷到宝鸡，一刷刷了八百里。八百里淋漓尽致。

在关中大地上行走，想起这些深储于心头的种种情景，你不由想到，这片土地，是油泼过的，是辣子炝过的，是面片铺成的。这片土地，就是一碗油泼辣子齼齼面。

---

① 端阳节即指端午节。

延安牡丹

花瓣上的露水珠儿，含着香，常常滑落于梦中。

那花是延安牡丹。它开放在延安城西南二十公里的山谷中。地据花以起名，那儿因之被称为花原头、牡丹山或万花山。现在一般叫万花山。

八十年代初，万花山建起一座古色古香的豪华宾馆，而与宾馆只一墙之隔的，仍是原生态的陕北农村：黄漠漠的黄土山洼，碾子，柴火垛，鸡，牛，狗；婆姨揭起门帘，汉子闪闪地挑水归来，杨木担子柳木桶。

东山的糜子西山的谷。上坡坡葫芦下坡坡瓜。

豪华与朴拙的强反差中，耀眼的，撩拨心弦的，令人流连忘返的，是千朵万朵的牡丹。

我国牡丹美艳者多多，如洛阳牡丹，菏泽牡丹，巴蜀牡丹，余杭牡丹，等等。但是，延安牡丹为其始祖。而且，我敢说，哪一个也没有延安牡丹来得那么奇绝。概而言之，有八奇。

——奇一，生在延安。

生在延安怎么叫奇呢？山在水在石头在，山水石中，自有原因在了。

唐代诗人皮日休赞牡丹诗云："落尽残红始吐芳，佳名唤作百花王。竞夸天下无双艳，独占人间第一香。"他把最尖端的词汇，几乎全都献给了牡丹。

我国历代咏牡丹的诗词少说也有几千首，在那些诗词中，牡丹还被称为国色，天香，花君，花帝，等等。总之，牡丹雍容华贵，艳冠群芳。所以，牡丹历来总是植于富贵处所，如宫苑，京城，并随着宫苑和京城的迁移而流转。

而延安是一个什么地方呢？跌死山羊摔死蛇，黄风刮来遮满天。古时候被称为化外之地。二十世纪三十年代，著名美国进步记者斯诺来到这里，惊出一行文字，有案可查："人类能在这里生存，简直是一个奇迹！"

但这牡丹，却居然在这里生根，发芽，招展花枝，开得满山满谷。这难道不是奇事一桩么？

——奇二，野生。

别处的牡丹多是人工培植，而延安的牡丹全属野生。荒山野地就是它的家。

荒山野地是没有园丁的。没人锄，没人浇，也没有多少人前来观赏。与它为伍的，是荒草，是野花，是狐，是兔，以及一阵一阵的西北风。

荒山野地，鸡爪爪黄连苦豆豆根。

所以宋代文学家欧阳修在《花谱》中说："延安牡丹与荆棘无异者也。"他概括得极为准确。

但千百年来，延安的牡丹硬是那么长着。它骨劲，心刚，有血性。

苦焦的延安！温差奇大。十年九旱，无肥，发一回山水冲一层泥。但它的牡丹酷寒挺身站，大旱不低头，就在极度贫瘠的土地上，年年开花年年艳，花香四溢。

——奇三，不交易。

我国人民特别爱花，所以牡丹自古有上市的传统。史载：南宋时余杭的牡丹，"歌叫于市，买者纷然。"唐代诗人白居易并有这样的诗句："共道牡丹时，相随买花去。"今朝更然。

可是，开天辟地到如今，花开花落千万年，可以说，延安的牡丹，连一枝一叶都没有卖过。

鸡蛋常卖，猪羊常卖，粮食常卖，就是没有卖过牡丹。

过去是没人买，现在是舍不得卖。

这正好塑就了延安牡丹亘古以来的尊严。

延安的牡丹，就像延安人的灵魂。

——奇四，与柏树伴生。

万花山上，尽皆柏树。山顶还有一棵奇柏，叫五龙柏，若五条龙凌空翻跃，气壮山河。牡丹就长在这些柏树的根底。

柏树铁肌石躯，牡丹玉肤腻体；柏树森严，牡丹活泼；柏树阳刚，牡丹阴柔；柏树是英雄，牡丹是美人。

顶着风，遮着雨，柏树呵护着牡丹。

牡丹花开，是献给柏树的爱。

在我国的传统绘画里，为了寄寓长命富贵的意思，常把柏树和牡丹画在一起。但它们却在这儿天然地生在一起了。所以乡亲们极爱这片地方。尽管生活艰难，他们从未离开过一步。

——奇五，花好。

花朵大，有的直径竟可达到6英寸，像一个小碗。也美，花开时节，你看吧，这一枝黄，黄得像金；那一枝白，白得像银；又一枝红，红得像玛瑙，像火焰，像朝霞和晚霞，像灯笼。复瓣的，单瓣的，半透明的。枝枝缤纷灿烂。枝枝艳若云霞。人都觉得那花枝中，恍若闪动着仙子的脸，仙子的姿，仙子的裙。好像只要细听，就能够听到花们的娓娓细语，时而还夹带着欢愉的笑声。

它的色、香、味、韵，无不透露着信天游一样的美质。

因此之故，延安牡丹很早就声名远播，隋炀帝曾命人将其中的一些黄的移至宫苑，被称为"延安黄"。

隋炀帝是一个以淫糜奢侈而著称于世的帝王。他看中了延安的牡丹，足见延安牡丹的不同凡响。

——奇六，当柴烧。

《四库全书·关中胜迹图志》中有两处提到延安万花山的牡丹，一处云："其地多牡丹，樵者采以供薪。"另一处云："牡丹遍山谷，樵者采之为薪。"并云，欧阳修说的"延安牡丹与荆棘无异者也"，就是这个意思。

当然更会以柏枝为薪了。

以牡丹烧火做饭，谁曾见过？整棵的牡丹，枝头花儿朵朵，噌！噌！直往炉膛里塞！炉膛里噼噼啪啪，分不清哪是火焰，哪是花朵。做饭女子唱："一对对喜鹊树上落，快刀子割不开你和我。"这歌，不知唱的是她的爱情，还是炉中的情景。

是暴殄天物吗？是煮鹤焚琴吗？不能说。只能说是因时因地制宜。

外国也有类似的例子。好像是巴西人吧，他们曾把海鱼作为肥料，每撒一颗玉米种子，就埋进一条鱼去。

那当然都是过往的事了，现在自然不会。现在，延安的牡丹贵重得就像金子一样，整天有人看护着，谁敢动它一指头！

不过想起古时的延安，还是觉得特别有意思。

它烟囱里升起的缕缕炊烟，含着多少奇香？它锅里做出洋芋擦擦，红豆角角熬南瓜，或者，荞面圪坨羊腥汤，是不是有如琼浆玉露？

哎，莫看延安穷山沟里穿得烂兮兮的庄户人家，千百年来他们所过的日子，不是比隋炀帝还要高出几倍么？气死那些作威作福的家伙！

虽然已经死了，再让他死上一遍！

——奇七，花旁出好女。

也许正由于上边所说的情况，整年烧火做饭的延安万花山左近的姑娘，便特别出众了：古有花木兰，近有蓝花花，她们都名扬四方。

相传替父从军的花木兰就当当出生在万花山，万花山的山顶上至今还存留着她的跑马梁。她也曾在这儿当窗理云鬓。现在人们在山下为她塑了像。

蓝花花呢，也出生在离这儿不远的村庄。她美艳照人，敢于与命运抗争，硬是盖倒了一十三省的女孩儿！

因为她们，古诗《木兰辞》和现代民歌《蓝花花》，一个接着一个脱颖而出，瑰丽了我国的艺术宝库。于是，意念中的她们更美了，花木兰的脚下踩着动听的诗韵，蓝花花的腰肢扭出美丽的旋律。

历史的天空被云彩遮住了吗？诗与歌，是风。唧唧复唧唧。青线线。蓝线线。暮宿黄河边。冒着性命往哥哥家里跑。一疙瘩云彩风吹散，她们既有牡丹的美丽，又有柏树的刚强。

——奇八，可以说是最大的一奇，它好像身怀障眼法。

战争年代在延安生活过好多年的老同志，十有八九都没见过延安的牡丹。

延安有多大？有北京的千分之一大么？但是，他们在延安生活了那么些年，却硬是浑然不知！举个例子吧，1986年，一位中央领导同志到延安考察，他见了万花山的牡丹，惊诧地说道："我在延安生活了八九年，怎么连听都没听过呢！"

这真是奇而又奇的事情！

人们历来对于牡丹，都是趋之若鹜。唐代诗人刘禹锡在形容长安赏牡丹的盛况时有诗云："唯有牡丹真国色，花开时节动京城。"

可是怪了，当年延安的花开时节，这些老革命都到哪儿去了？

去哪儿？哪儿也没去！开荒中有他们的身影，纺线中有他们的身影，整风中有他们的身影，保卫延安中有他们的身影。

但是他们为什么根本没看到延安的牡丹呢？恐怕只能有这样一个解释：时代的注意力所致。

那时候，时代的注意力完全集中在革命上了，眈眈向一，绝无他顾，全神贯注，埋头苦干，以致忽略了对美的欣赏。

怎么会呢？为什么会呢？真实吗？

凡是熟悉陕北民歌的人，不会不知道这样一首："骑白马，挎洋枪，三哥哥吃了八路军的粮。有心回家看姑娘，打日本来顾不上！"这民歌，正好对此做了一个有力的佐证。

那是一种神奇的精神辉煌。明明是眼皮子底下的美景，却视而不见。而且不是十个人、八个人，是成千上万，是整整的一代！

时代把人们的精神都聚集到伟大神圣的事业之上去了。一杆杆红旗半空里飘。镰刀斧头老镢头，砍开大路穷人走！其他物事即使再美好，也失去了诱人的力量，也被冷落一旁。

那是一种什么样的精神啊！热血沸腾，无私奉献，前仆后继。背负着民族的希望，向前，向前，向前！

为了全国花开遍，不知延安有牡丹。

那精神，奇艳如延安牡丹！

看麦熟

肥沃的关中平原，向以盛产小麦著称。从头年冬到次年春，走到田野上，那儿十有八九都铺着日渐加厚的小麦的绿毡。而到了清明节呢，农谚说："清明麦子埋老鸹。"麦苗儿比站着走着跳着的乌鸦都高了。于是，田野处处，不再是绿毡了，而是厚可盈尺的绿绒被了。而清明节又好像只属于唐诗人杜牧。自从杜牧吟了一句"清明时节雨纷纷"，千百年来的清明节，就总是打着杜牧的印记，含着杜牧的声息，就总是杜牧的诗和雨啊，纷纷，纷纷。现在，几乎说不清是杜牧的诗还是清明的诗，杜牧的雨还是清明的雨，反正它纷纷，纷纷，纷纷上午，纷纷下午，纷纷晚上，纷纷第二天早晨的七八点钟，把一块又一块的绿绒被，纷纷成了贵妇人的床上之物，绿光闪烁，好不喜人。从此小麦就可着劲儿长了，那绿绒被便膨起来，膨起来，一天一个高度，一天一个样子，直至像隆起的海浪碧波，涛声震响。这时候，一群天真烂漫的娃娃，不知从什么地方逮到了信息，说大海最是好要处，便一齐相约跳入小麦的波涛里，游泳啊戏闹，戏闹啊游泳。但高站于云端的太阳喊道：那哪里是娃娃呀，那是风！

风，大慨被太阳的喊声所烫，不再是浑身湿淋淋的娃娃似的清凉的了，扑在人怀里热烘烘的。

忽然有那么一天，人们热得都想剥光了衣衫，转脸看时，迎风摇摆，一浪推着一浪，有时候还发出哨音的麦梢儿已经黄了。

而麦梢儿本来是绿色的，像韭菜那么绿，像柳树那么绿，像野草那么绿，像它自身的叶叶杆杆那么绿，但是现在却变成黄的了。麦梢儿有了金子一样的颜色。

最金亮的是那从裹着麦粒的苞皮间直刺上方的麦芒，根根都像正在放电的金丝，电火花在它的尖端闪耀。

麦梢儿的这一变化是一种信号，一种大动员的信号，一种摩拳擦掌的信号，一种龙口夺食的信号，一种即使是八十老翁也不能不下床的信号，它强有力地触动了每一个庄稼人的心。每颗心跳动的节律都加快了。而跳得最快最欢最美丽的心，却都装在婆娘们的胸脯里面。

婆娘是关中农村特有的名词，一般都理解为已婚妇女。但据这儿的一些秀才们说，在表述上还应有点儿限制，应该在"妇女"前再加上"较年轻的"修饰语，

即"已婚的较年轻的妇女"。他们说，对于另外的妇女，关中农村自有另外的叫法，具体地说，是把未婚的叫姑娘，把结婚日久的叫老婆。他们又在深入研究中发现，这样叫，大有深意在焉。姑娘，姑且在娘家之谓也。婆娘，一半在婆家一半在娘家之谓也。老婆，就老在婆家了。他们为自己家乡语言的博大精深感到骄傲，说，这些称谓简直是妙不可言，它们十分准确地揭示出女性在不同的人生阶段上的不同特点。按照他们的界定，婆娘不期然地闯入此文中了。此文的作者从生活中看到，把自己的一颗心分做两半儿的婆娘，负重最多爱最多，应是女性人生乐章中的最绚烂的一曲，最具有人

情味和人性美，是一种极致。

这不，看见麦梢儿黄了，婆娘们的心跳得最快最欢最美丽了。她们中有二十多岁的，有三十多岁的，也有的已经上了四十大几。她们立即想到了娘，想到了娘家的麦田。她们既关心娘又关心娘家的农事。她们都准备去看望看望辛苦了大半年的爹娘和兄嫂弟妹，同时分享娘家麦子即将成熟的欢乐。于是，她们都忙碌起来了：蒸馍馍，烙锅盔，采拔菜蔬，买香蕉点心。而丈夫也理解她们，公婆也理解她们：要置办什么，就让她们置办去吧；要什么时候走，就让她们什么时候走吧。咱关中不是有这样的俗话吗？"麦梢黄，女看娘"呀！辈辈沿袭如此，今天到了改革开放的年代，更应该由着她们的心性去行事了。她们则小曲悄唱，加紧了手中的活儿。前村的大伯找我干啥呢？商量一起引进新树种的事吗？大伯！过些日子再来吧。俺看麦熟去呀，忙得没一点点空闲！大伯刚走，哎呀，宝贝蛋怎么尿到炕上了？哎，我说咱家的那口子！这时候还看什么电视呢，你就不能帮俺一把吗？丈夫赶忙过来了。多顺从的丈夫！她不由满意地抿着嘴笑了。接着手疾眼快地找篮篮，装礼物，梳洗打扮。——家家屋中大体都是这样。她们恨不得转眼间就能扑到亲娘的怀里。

过不了多久，广漠的田野上，村与村之间，大路小路，就到处都闪耀着她们的身影了。她们的肌肤有的粉红，有的微黑，有的如春萝卜般的细嫩，有的如秋白菜般的健康，真是摇曳多姿。她们有的去赶班车，有的去搭顺路的拖拉机，有的骑着自行车，有的步行，真是风情万种。于是，这麦黄天，野外，人都惊叹关中路。为什么？关中路上多婆娘。关中路上多丽人。关中路上多娇艳。但不管是婆娘也好，丽人也好，娇艳也好，反正是一次爱的出巡。田野是大片大片的黄的色块，她们是红的绿的花的波漾的曲线。色块不动，曲线飞逸；色块染曲线，曲线染色块；色块有了曲线的喜悦的旋律，曲线有了色块的成熟的神韵。而这一切是被馨香所浸透了的。要是这时候天上飞过一架飞机，那飞机上的飞行员、空姐、乘客，也是可以闻见一股一股的香味的。尽管他们可以弄清香味来自何处，从而一齐把鼻子凑向下方，但他们哪能分得出哪是麦香，哪是婆娘们的体香心香？

实则天上并没有飞机。天是那么蓝，那么纯，只有几只鸟儿偶尔跃上跃下。蓝的天空的衬托之下，布满麦田的大地显得更黄了。大地焕发出我们民族的原色，它那么丰盈，那么辉煌。婆娘们就走在那原色之中。

因为丰收在望，到处的庄稼人被它所燃烧，田野上便此起彼伏地飘荡着吼唱秦腔的声音。婆娘们就踏着秦腔的节拍。

就是在那原色中，就是在那秦腔的节拍中，一个声音说："父兮生我，母兮鞠我。拊我畜我，生我育我。顾我复我，出入腹我。"哪来的声音？《诗经》。婆娘们虽然不懂得《诗经》，但《诗经》里的这些意思，早就存在于她们的心坎里了。所以与其说这声音来自《诗经》，不如说是从她们的心坎发出来的。现在，她们就是奔着父母去的。那么，去去就行了吗？不！一个中学毕业的婆娘说，谁言寸草心，报得三春晖！于是她们想起了电视里常唱的流行歌曲《烛光里的妈妈》。那迷迷离离的20世纪的的烛光，不就像千百年来的三春晖一样，使女儿们永远回报又永远无法回报得完吗？

奔着爹，她们在走；奔着娘，她们在走。脚步急切的沾着轻尘的布鞋、皮鞋、胶鞋，她们的这些鞋踩下的脚印，千姿百态，千姿百态都是情，都是爱，情和爱南来北往地散步在旷野里，一如总也开不败的夏的花朵。

一片胜似一片的麦子，常常逗引得她们不能不停下脚来。她们或者静看半天，或者干脆上前折下个穗穗儿，放在手心把颗粒搓下来，吹去皮皮，数数一共是多少颗，然后挑一颗胖嘟嘟的颗粒，轻巧地扔进红唇，用雪白的牙齿咬咬。只这么一下，她们就能估摸出眼前这片麦子能产多少斤上等麦，能磨多少袋特级粉，能擀多少案好面条了。心地高贵聪颖的她们，被关中大丰收的景象撩拨得晕晕忽忽的，竟至忘了此刻身在何处，以为自己的满口已是娘家麦子的芳香，所以已泼洒出千吨万吨的情意。终于恍然大悟，这哪是娘家的麦地呢，便独个儿笑了起来。嫣然一笑，如歌似的灿烂。但绝不吝惜泼出去的情意，娘家爹和丈夫都不是常说么，人不能太自私了，天下农民是一家。是的，也应该为别人喜欢喜欢。何况，娘家地土好，人又勤，麦子一定不会比这儿差，虽然现在还离了十里八里，还没亲眼看见，也应该提前为之开怀一乐了。

满怀的麦香，满心的快活，满鬓角的汗珠满眼睫的光。她们的身姿是大小雁塔上的风铃，引得这儿那儿的正干农活的男人们，不时凝神瞩望。男人们都知道她们是干什么去的。她们不是歌星影星，不是富婆，不可能给爹娘送去一叠存款单。但是她们的行为比存款单更加可贵。如果娘家的天塌了，她们便是女娲；如果婆家的天塌了，她们还是女娲。男人们都为她们而感到自豪和充实。由于她们的存在和她们的举动，即使今年的麦子歉收了，他们也是会不住地唱着秦腔的。世界上有什么比美好的心灵更令人舒心的东西呢？

　　婆娘们又喜滋滋地迈开脚步了。现在，娘正在做什么呢？是不是早站在村口的老椿树下等着我了？那么，爹呢？爹又在做着什么？爹性子急，一定是风风火火地联系收割机去了。但他也不会忘记女儿这两天要回来，一定会早早地赶回家的。爹娘都上了一把年纪了，女儿多么想能这回多住上几天，好给他们凑一把力，把麦子颗粒一粒不剩地收到囤子里头。可是，他们会答应吗？爹一定又会厉声吼叫："哪有这种情理？"娘一定也又是柔声相劝："好娃，听你爹的话吧，回去吧。麦忙天，谁家不是等着人手用哩。"而着实说，自己也不会放心得下婆家的事啊！婆娘，婆娘，婆娘的心里有多少牵挂，有多少矛盾啊！

　　那么，只能是回娘家看麦熟了。当然，这期间一定要敬一份孝心，要尽量多帮爹娘干一些事情，比如光场（把打麦场碾实压光）呀，比如缝缝补补呀，比如领着患老年病的爷爷上医院诊治几回呀，等等，等等，都给它干得妥妥帖帖，以期达到离开时可以少一些牵肠挂肚。

　　不知什么时候哼起了歌谣。再好的歌谣唱上三遍，就觉得有些厌倦了，但是，脚下的这条路，连接着分成两半儿的心的路，已经走过百遍千遍了，却愈走愈亲切，愈走愈爱走。自从缘分里亮出了这条路，这条路就是推土机械也铲不断的路了，就和她们的生命紧紧地连在一起了。而且总是一边走一边在心里悄悄呼唤：娘啊娘啊，我回来了！

　　现在，广漠的田野上，村与村之间，大路小路，她们在走。无边麦田的金黄的底色上，她们的脚步编织着一幅最古老又最鲜活的关中农村的风俗画。传统和现实，古风和新意，在她们的身上结合得那么和谐，那么完美。她们望着麦子。她们也是麦子。她们是一株株能思考、有感情、会走动的麦子。她们呼吸着大气，装饰着田野。她们的心里盛满了沉甸甸的可以磨成粉、做成饭，可以营养上下左右的物质。为了感谢阳光雨露的深恩，她们急匆匆地前行。她们心灵的麦芒在前行中颤动着，辐射出最亮丽最动人的色彩。

羊肚子手巾

记忆深处的陕北农民，不论是老汉还是青年，几乎人人都会有一条毛巾。陕北盛产山羊、绵羊，人们常吃羊肉。表面布满绒毛的毛巾就像羊肚子（羊胃），所以我们陕北人都把毛巾称为羊肚子手巾。不过那时候的人们不是拿它洗脸（洗脸用一块破布就行了），而是把它当御寒、遮阳、挡尘的帽子用。每当吃了早饭，汉子们去上地的时候，都是顺手从墙上或炕头拿了羊肚子手巾，往头上一扎，然后扛犁，牵牛，甩鞭子，走进一天的辛劳。羊肚子手巾是明度最强的颜色，汉子们在暮色四合中踽踽走回，婆姨们也许看不见他们的身影，却能从那远远晃来的一点白中，感知他们饿了的模样，于是赶紧往灶膛添柴。转脸便见汉子们早已到了窑门口，用羊肚子手巾拍打着肩上腿上的泥土草屑，然后进门脱鞋上炕，顺手把羊肚子手巾放在哪儿，自在地等着即将端上的酸菜洋芋小米饭。羊肚子手巾好像一首绝美的小诗，年年月月，点缀着他们的"日出而作"和"日入而息"。

其实羊肚子手巾也点缀着苍莽的陕北高原。陕北高原少雨少河流，更距大海很远很远，但连绵起伏的山峦就像一望无际的滚滚波涛，而山野间处处晃动的羊肚子手巾，就像片片白帆。如果天就要下雨，滚滚黑云仿佛就要压到地上，在一片迷茫混沌之中，天上忽然划过一道闪电，这时候你看吧，这儿那儿，或者背着柴，或者挑着粪，或者开着手扶拖拉机，陕北的庄稼汉，庄稼汉的头上，就像闪耀着一段一段的小小闪电。若是逢集，眼前便成了羊肚子手巾的世界，白花花一片地躁动喧嚣。

陕北是闯王李自成的家乡。遥想当年李自成率众出征的时候，那些衮衮勇士的头上，只能是裹着家织的粗布方巾。那么，我想问，以羊肚子手巾取代方巾，始于何时？是谁第一个把它扎在头上？群山默默，无人可以说清。但是起码可以说，机器的轰响应该是它的源头。羊肚子手巾应是我国近代纺织工业出现之后的产物。可以想象，羊肚子手巾出世之后，就逐渐有了让人眼花缭乱的花色品种，其中不乏阔人们使用的奢侈极品。但贫穷的陕北汉子购买力是极为低下的，这就决定了他们使用的羊肚子手巾的上面绝无什么繁复的图案，只是两端各印有两三根或蓝或红的彩色的线条，略加装饰。但那白的底色上的几根异样的线条，浮漾在满目荒烟蔓草的情境里边，就足够销魂的了，其中每一根都像一条当年的不曾被污染过的倒映着野花的小河，流淌在历史的大野间。

羊肚子手巾是有味道的：风的味道，雨的味道，太阳的味道，男子汉的味道，渴望着过好日子的味道，广交朋友和克险犯难的味道。戴着它，即使在大旱之年，人，人的头上，总是充盈着湿淋淋的雨气水气，仿佛近谷谷绿，近豆豆嫩，美得就像一朵朵盛开的牡丹，白色的雄性的牡丹。哦，令人眼馋、令人迷醉的羊肚子手巾！

而生来就是光着脑袋的娃娃们，已经八九岁了，十二三岁了，还是光着脑袋，这时候就往往由不得要向大人的头上瞅瞅，眼神里充满了艳羡之光。大人便笑眯眯地捏一下他的小脸蛋："娃呀！你才多高！急个甚！好生长吧，一棵草终究要开一朵小白花哩！"当娃娃们确信自己已接近于成为后生的时候，大人们也几乎在同时就默认了这一事实，就把用旧了的羊肚子手巾给儿子郑重地往头上扎去，这时候茫茫环宇的纷繁风景中，一定有这左近的树的舞蹈、河的歌唱，这儿就几乎等于在举行着一场极富文化意味的陕北式的成人礼了。这时，娃娃的膝上也许还有恶作剧落下的擦伤，但他心上已是青葱一片。过不了多久，当他们自己的手中有了几个钱的时候，就想买一条崭新的羊肚子手巾；而一旦买来扎在头上，则地上多了一团雪，天上多了一朵云。以后的日子，他总要常常把那羊肚子手巾、那小小的白雪小小的白云放在河水里，揉揉搓搓，让那白雪白云漂白着美丽的浪花，使之益发新颖鲜亮。当小伙子每天出门的时候，那一尺多的薄薄雪团云朵，就任由他拽着两端，任由他先裹住脑后，然后随着他的手指线条流畅地在额前绕着花子，最终打成一个漂亮的"英雄结"。英雄结所强化和突显的，是陕北后生的帅气和悍勇。

广袤苍凉的陕北是爱情的浪漫沃土。那些曾经热恋过的青年男女现在也许老去了，也许永远离开了这个世界，但信天游却记下了他们的动人镜头："一个在那山上一个在沟，拉不上话话咱招一招手。"而在招手的时候，为了把一肚子的情意都表达出来，小伙子往往就会情不自禁地从头上摘下羊肚子手巾，久久地挥在手中，那羊肚子手巾上的情意的光波，一圈又一圈地在山间播散。而当有一天情人们近距离相会的时候，那羊肚子手巾一般绝不空着——里头或者包着一把酸枣，一块冰糖；或者包着一颗木瓜（陕北所谓的木瓜，其实指的是文冠果），一颗香瓜；甚或，里头会是一层一层的纸，纸里拿出来的竟是一只从街上买来的卤猪蹄蹄。这看起来虽然没有现在的新潮青年手捧一束鲜花的高雅，但那爱情的纯与真，却是惊天地泣鬼神的旷世少见："只要和妹妹配对对，狼吃了哥哥不后悔！"

然而爱情并不是生活的全部内容。陕北汉子更多的还是要为生计操劳不息。所以羊肚子手巾除了有浪漫的一面外，还常常饱经着酷日的煎熬。人们总能看到，在锄地的山上或砍柴的崖边，疲惫的汉子们常从头上解下羊肚子手巾，去擦掉脸上、膀上滚滚欲落的汗水。羊肚子手巾一尺八，拧干了汗水再来擦。寒冬的西北风放肆嘶吼的时候，连泥土都能冻成石头，但它吹到羊肚子手巾上边，经羊肚子手巾一滤，冷便被滤掉大半，那风到脖子，到脚尖，到全身，已几乎没有丁点的冷意了。要是哪天干活时受了伤，羊肚子手巾就又成了包扎带。他们一生总会用上十条八条的羊肚子手巾。每一条羊肚子手巾都会紧贴着他们的发肤，陪着他们哭，陪着他们笑，直到白生生的颜色变黄了，变褐了，也烂了，用它补了袜子或纳了鞋底，最后，在某一个多云的早晨或某一个霞光四射的傍晚，它终于成了细碎的粉末，与敦厚无垠的黄土地融为一体，黄土地终于又增加了些许营养五谷和草木的物质。

我虽然自小生活在陕北的城市，但因为从上小学到上中学一直是秧歌队的成员，甚至担任过秧歌队的伞头，出演过好多秧歌剧，所以在我的头上，也无数次地被羊肚子手巾艺术过，生动过。每到那种时候，我就感到自己跨入了另一种境界，甚至感到自己就是淳朴、勤劳、善良的同义词了。我初中毕业时曾经到照相馆照过一张半身相，主要装饰品就是脖子里的一条羊肚巾。好多年之后，北京知青来陕北插队了，我曾见他们中有人头上扎起了羊肚子手巾，甚为激动，因而写了一首很不错的诗，此诗曾经被人谱曲传唱。我对羊肚子手巾有着极为深切的感情。

大概在改革开放之后我回到延安的时候，蓦然发现我的农民乡亲们头上的羊肚子手巾，如栖息了二三百年的白鹤，徒留鸣声，一夜之间全都飞得无影无踪了。但后来经过深入探访，却发现那些"白鹤"并未远离，反而是数量和种类更多了，只是都在人们家中筑了巢；巢在洗脸架上，枕头套上。这时候，乡村羊肚子手巾的功用和城市完全一样了。同时还发现陕北农村有了大鬈角和休闲帽，有了丰富的五颜六色。我对此一方面感到非常高兴，一方面又稍稍有些失落，心情复杂。时代的恢弘大书上，陕北曾经拥有的一页韵味深长的文化图景，是无可挽回地翻过去了。

好在由于与此相伴的是文艺舞台的空前活跃，羊肚子手巾因之以更阔的领域和更强的亮度出现在世人的视野了。龙腾虎跃的安塞腰鼓、如泣如诉的陕北民歌、众多的电视剧、频频举办的美术展览，到处都能看到或感受到头扎羊肚子手巾后生的影子，它们鲜活依旧，美丽依旧，气韵依旧，神采依旧。我百听不厌的信天游还是那首《羊肚子手巾三道道蓝》，每当歌手一张嘴的时候，就像地上突然裂开个泉眼，一股白色的水柱喷射而上，优美地直冲蓝天，久久地摩挲着云彩，使得云彩也在抖动。我心里明白，歌手口里唱出来的其实只是我们老祖先留下来的五个普通的汉字啊，但此刻里，它却以一种满含陕北黄土香和糜谷香的亲切意象，就在那高高天空展示着它的无穷魅力，其旋律仿佛充满了我们神州大地上的整个天空，荡气回肠。那时候我便想：哦，羊肚子手巾！你已经是一个最为美丽的历史符号了，将永远存留于我们民族大脑的记忆元上，并且越来越显出你的经典美质。

华阴老腔

一声长吼回荡在天际。

久久回荡。

你来不及细听也无须听清那长吼源自哪里、其中含着些什么字词什么意思，只知道是被一种陌生、一种新鲜、一种苍苍凉凉紧紧地攫住了，并且隐约感到在它的下边，似有沟壑纵横，华山高耸，黄水流，渭水、洛水也在流。

忽然大幕拉开，褶皱横亘的黄土高原，高原布景的前面，是一些农家常用的木制条凳，而一帮对襟短打的朴实农民从幕后走出来，手持各种自制乐器，或者拿了大老碗旱烟袋以及线拐子，各自入座。

那是一双双常摸铣把车辕和粗麻绳的手。

乐器奏响了，一派阳刚之气一阵紧一阵慢一阵激浪四溅。那敲锣的虽然只拿着一只锣槌，却同时敲着大锣小锣，手若翻花。当他敲得大汗淋漓的时候，就脱了外衫裸出双膀，只留个两侧开口的白粗布汗褂遮着前胸后背。接着外衫一摔，啐涎掌心搓搓手，就像要去淘粪或去铲土，但不是；他又以槌击锣，让锣声再次汇入雄壮的音乐音调掀起了美丽的波涛。

这时候，你不能不想起千多年前的《击壤歌》。哦，就是它，在眼前，在这现代化的舞台上，发出了灼人逼人的遗响。原始，朴拙，自然。它是如此奇特如此泾渭分明地有别于种种时尚表演，宛若野性的天籁，让人震撼，让人眼睛为之一亮。

剧场里爆出阵阵热烈的掌声。

再看时，已是白眉白发被称作白毛的老农坐在台前。他手抱六角月琴，弹、唱、说、念，一人为之。那月琴已不知是何年做的，弹了多少遍了，几条紧绷的弦下尽是手指弹下的印痕，印痕连成一片。虽然粗糙而陈旧，但恍惚间，它却像真正的月亮一般，抱在白毛的怀里。啊，不！白毛其实这时候他整个的人就是一轮最美丽的月亮了，闪射着月亮的光，发出月亮的响声，而满台的星星都拱围着他，每件乐器每个声音都跟着他跌宕起伏跟着他闪闪发亮。

其实他这时候也不是月亮般地唱，而是在吼，是由脑后发出的口腔大张的高八度的吼。发达的嗓子，发达的野性基因。他的吼声高亢，峻拔，激越，苍凉，如一只强悍的鹰，总是盘旋在云际天际，而乐器的相对柔美的伴奏，却如滚在三条河里的流水，铃声叮泠，总是贴着地面游走。

那是天和地的壮阔合作。

是的，高天是声、水是琴。

那演唱其实是七分说唱，三分舞蹈。他们不时挥臂，呼喊，不时摆动身子。而唱到了情不可抑时，便如风雨的卷来，一起踩起了双脚。

天苍苍何其高也，路漫漫何其远也。那是一种人类心魄的高度和广度，而走在这样的路上，他们的脚下踩出了多么宏放的音响咚咚咚咚！

接着，月琴又抱在嗓音稍有嘶哑却又震慑人心的张喜民的手中。他留着分头的头发，仿佛总是被催动着汉时漕运风帆的风儿呼撩撩吹起，一看就是个精明能干的农民。老腔原本是他家世代传下来的家族戏，他弹唱得从容而又自信。

他的周围，一派关中普通村庄里的日常图景：吃饭的吃饭，抽烟的抽烟，拐线的拐线，奏乐的奏乐，唱的唱。

他吼得万籁俱寂。他的吼声里有历史和黄土的颗粒："太上老君犁了地，豁出条渠豁成黄河。""一声军令震山川，人披衣甲马上鞍。""太阳圆月亮弯都在天上，男人笑女人哭都在炕上。"没有任何包装，没有任何雕饰，只是生命的本真生命的赤裸裸的自然呈现，却散发着醉倒人的艺术魅力。神话传说，英雄故事，挫折牺牲，男欢女爱；浪漫的和现实的，快意的和悲壮的，粗粝的和绵软的，都在他的演唱里闪着异彩，成为对一个民族文明史的艺术追忆。一辈辈祖先的可亲影子，就在那追忆中闪闪烁烁。

也唱苦难也唱悲凉，凄切苦音在女声中撕裂着人们的心肺。但是正是这样地唱，千百年来，又总是激发出男子汉独对八荒、永不退缩、永不绝望的豪迈气概。

舞榭歌台。金戈铁马。三国周郎赤壁。"催开青鬃马，豪杰敢当先！"喇叭高奏状出战马的长嘶，而歌声不止。到了激昂处，一人唱，满台吼，马鸣风啸，刀光剑影，时或四顾茫然。但是谁说雪拥蓝关马不前？看一个干瘦老汉冲出来了，他手里拿着长凳和木块，敲敲打打，忽而将条凳放平敲，忽而斜扶着条凳敲，不断变换着姿态敲，接着进一步高高抡起握着木块的手臂，用了全身的力气，啪啪啪啪，将条凳敲打成英雄史诗大奇大美。同时歌声更酣，乐手们一齐帮腔。胸前狮子扣，哈！腰中挎龙泉，哈！好男儿，哪一个不敢冒险犯难！哈！啪啪！

啊，多么带劲多么震撼心灵的华阴老腔！

你不能不在心窝里发出阵阵回响。

那其实是山河的宏大律动。

它对于那些灯红酒绿下的阴盛阳衰或不男不女的浮糜灵肉，也许是一种提醒和救赎。

望台上。

干瘦老汉在敲打一阵之后，依然像平日劳动那样，唪涎掌心搓搓手，重新开始，掀起新的高潮。他敲打得那么认真，好像要从条凳中敲打出一个什么秘密来。

像节日的焰火灿烂着天地，像声声炸雷翻滚在山坡，回看张喜民，他演唱得何其精彩！演唱到每节结尾的时候，众声一齐掺和进来，而张喜民那常常高扬在云天里的吼声，早在人们不注意间，了无痕迹地款款落下，与伴奏、与众声浑然一体唱成了拖腔，其声一改先前的豪放之气，已然变得出奇地婉约细柔，有如一条放生于水中的细长黄鳝，情意绵绵、明澈透亮地左游右游，拐了好几道弯儿，让你舒服得、受活得心尖儿都在打战。而就是在这时候，却又有长板凳和喇叭的猝然切入，猛敲狂奏，并且众声齐吼，众脚齐跺，音乐则上下大跳。这一切都抽扯着你撞击着你爽意着你，使你觉得自己快要消融快要粉身碎骨了！

而唪涎掌心搓搓手，众乐手依然不依不饶，光华追逼，高潮迭起，只见张喜民手中的月琴漫天挥扫，并且又掺和上一些人的拍手和吹口哨，满台子无人不动，无头不动，无臂无动，无腿不动，无颜不动，无声不动，动成生命的万类蓬勃，凤舞龙吟，长城内外战马奔腾，大河上下箭镞翻飞，交错碰撞又淋淋漓漓。而每个演出者都是一个炸药包了，让人怯于正眼直视，因为你只要稍稍扫一眼他们就会爆炸，但是还是爆炸爆炸爆炸爆炸爆炸，冲击波冲向四面八方，那磅礴的气势排山倒海的力量，一霎时，有如从宇宙间的一个什么地方卷来一股威力无比的百万级飓风，把整个世界都给抬起来了！啊，这华阴老腔！

忽然疾捂弦，演出戛然而止。这时候，观众们才从天翻地覆中清醒过来，多么兴奋！都转过脸去互相兴奋难耐地看看，赞叹不已，然后，又齐刷刷地把目光再次投到台上。

那是一群经历了无数沧桑的拉船人的后代。那是一群惯于吞咽油泼辣子邋邋面的汉子，那是一群民间古老艺术的传承者。他们所展现出的生命力是那么绚烂和昂扬！

与其说他们愉悦了观众的精神，毋宁说他们是给当今这浮躁世界浮躁生活，送来一股返璞归真的清新之风。

这样想时，却见演唱者一齐走到台边。

就像刚刚割麦回来，手执乐器的他们，那些老农、中年汉子和婆娘小伙，一个个额头汗珠晶莹。他们向观众们频频致意。

掌声如三水汇合，澎湃不息。

为了答谢观众，又是一声长长的呐喊，雄豪，苍劲，悲凉。

那声音，仿佛从秦从汉一直呐喊到今天。

老虎鞋

望不尽似水流年，现在，我已经四十多岁了。

但是，我的如同树皮一样粗糙的额头里边，常常闪现着我的一双花蕾般的小脚片子，和那小脚片子上穿的一双老虎鞋。

一切，都是母亲讲给我的。

那是一九三七年春天，像故乡延安的天空掉下一滴普通的雨星，像那山山洼洼冒出一棵寻常的草芽，鸡不叫，狗不咬，我，降生了。我的曾祖父是个泥水匠，祖父是个钉鞋匠，二叔为别人磨面。父亲在当时倒算是有点光亮的人物，当个小学校长，很早就暗地参加了革命，也不过是一个普通的穷书生、普通的党的支部书记而已。我，就是降生在这样一个家庭里面。我躺在铺着破沙毡的炕上，像一颗刚从泥土里刨出来的洋芋蛋蛋。

转眼满了三十天。家虽穷，按照当时的风俗，"满月"却是要过的。爸爸的工作忙，但在爷爷的催促下，还是请了一天假。在师范上学的三叔也回来了。年仅二十岁的妈妈满怀喜悦，把我抱在怀里，拍着我的光屁股，一阵儿喂奶，一阵儿换尿布。亲不够，疼不够，爱不够。她特意用红纸为我扎了个大红火蛋儿，踮起脚尖，高挂在我仰面望着的上方。这是我眼中的第一颗太阳，妈妈捧给我的太阳。

一家人欢天喜地，锅瓢碰得叮当响，又炖羊肉又炸糕。从我家烟囱冒出去的淡蓝色的青烟，也带着缕缕香气。阵阵笑声浸泡在明丽的阳光里边。外婆、外公，亲戚四邻，该请的都请了，该来的都来了。他们给我送来不少礼物：小锁锁，小镯镯，槟榔锤锤，花帽帽……他们争着把我从妈妈的奶头上抉过去，搂在怀里，举在面前，啧着舌儿，说着话儿，逗我玩。

虽然在此刻，在我家的这个小天地里，我简直成了一颗小星星；但是放在延安城，放在整个陕北高原，我倒算个什么！我家虽然热闹，算起来，并没有多少人晓得。

然而，就在这一刻，一位妇女，一位一年多前刚刚给毛主席做过鞋的妇女，风尘仆仆，走进门来，又把她亲手做下的一双老虎鞋，给我穿在小脚片儿上。她还送给我一身红花绿叶的小衣衫。

她是谁呢？

你想想那首有名的"东也山，西也山"的陕北民歌吧！你想想那个被无数老革命都尊称为大嫂的人吧！

她，不是别人，而是刘志丹同志的夫人——同桂荣同志。我父亲曾在永宁山、在志丹伯伯手下工作过，和志丹伯伯、和她，有着亲密的友谊。我家的热炕头上，曾经多次回荡过志丹伯伯的笑语。我过满月的当儿，志丹伯伯牺牲不久，同妈妈忍着巨大的悲痛，伴着窗前黯淡的麻油灯，一针针，一线线，为我赶做了满月礼物。她本来有眼病，此刻，一双眼睛熬得布满了血丝，红红的。她抱起我，亲我的小脸蛋，任我把尿水撒在她的衣襟上，给我穿上老虎鞋。这金线银线绣成的老虎鞋，这照亮我幼小生命的老虎鞋！

老虎鞋是一派保安民间风格，像窗花一样的风格，朴实、粗犷、传神。大红为主，配以金黄，间杂黑、白、紫，色彩热烈鲜明。鞋上带着同妈妈的手温，带着革命母亲对下一代的希冀。

这老虎鞋穿在我的脚上，一屋婆姨女子全都围拢过来，这个摸摸，那个看看，全都惊羡不已。连正炸糕的姑父也挤进了人群。奶奶急了，忙喊："看你那油爪子！"姑父知道奶奶的脾性，不敢执拗，端来瓦盆忙洗手，洗了一遍又一遍，这样，才争得了摸一摸的权利。他的憨厚神态，逗得大伙儿都笑了。我的穷家破舍，因为这双老虎鞋，平添了无限喜气。

这老虎鞋穿在我的脚上，一身乳气的我，似乎也感到了，看见了，懂得了，滴溜溜地转着笑亮的小眼珠，咿咿呀呀地说着什么，扑扑腾腾地蹬达着胖腿、小胳膊，向妈妈，向爸爸，向普天下，宣告着我的骄傲和幸福。因为这双老虎鞋，我一辈子都感到很满足了。

这老虎鞋穿在我的脚上，虎耳高竖，虎须颤动，虎牙闪光，挟带着永宁山的雄风，播扬着永宁山的正气，仿佛只要长啸一声，就能掀起人们的衣襟。我这块只会哭叫的嫩肉疙瘩儿，仿佛立时长大了，威武了；我的一双嫩得像小萝卜一般的小脚片儿，仿佛立时变得能踢能咬了。

这双鞋，饱含着多少深情，给了我多么厚重的祝福啊！

这一刻，我想，不管人们留意没有，延河一定是在歌唱，百鸟一定是在欢舞，历史，应该记下这一笔。自然，这绝不是因为我，而是因为一位不平凡的妇女，因为同妈妈。

我自愧没出息，这辈子没有为人民做出多少贡献，无颜去拜见同妈妈。但我对志丹伯伯和同妈妈的心意，却是深挚的。我曾经以自己笨拙的笔，一而再、再而三地写了几首歌颂志丹伯伯的诗，就是为了表达这种心意。

我今天把这件事情写出来，还有一点想法，是为了自勉。我应该时时记起，我的一双脚，是穿过同妈妈亲手做下的老虎鞋的。那是我此生穿的第一双鞋，山高水长的老虎鞋。我应该在开创四化建设新局面的斗争中，刷新自己的精神，增添一些勇于革新、勇于进取的虎虎生气。

扛椽树

这柳，这陕北的柳，这迎着漠风的柳，这晕染出一片苍凉的柳，千万年来，是在等谁呢？谁能描绘出它的满身奇崛？

……滔滔的河，滔滔的神话和历史，滔滔的云中飘带和地上脚步。自周至春秋，花开花落五百年，斗转星移五个世纪，五百年五个世纪十几万个晴晴阴阴的日子，纷至沓来，应接不暇，等来了古神州的第一批诗人。诗人们如鸟如蝉如蛙，吟诵之声不绝啊不绝。吟出了"风"，吟出了"雅"，吟出了"颂"，吟出了一部《诗经》。吟出了"昔我往矣，杨柳依依"的绝妙佳句。不过，此句绝妙是绝妙了——引得后辈子孙竞相模仿，竞相依依——但，它却与这柳无干，风马牛不相及，南辕北辙。依依者在水一方，若窈窕淑女，不在陕北。陕北是满眼的干山疙瘩。依依者不是这柳。也难怪，这柳只生长在遥远的绝域，诗人们何得一见？

及唐，诗界的天空今非昔比，星汉灿烂。一颗星终于飘然而至，照亮了陕北。那是王维。王维走马沙原，沙原边，屹立着一铺滩滩的杨柳树，因而，他一定看见它了。王维诗兴大发，脑海中如有巨鲸游动，咕嘟嘟冒出两个字：直，圆。柳啊柳啊，你这下总算等来了——人们说——凭着这直这圆，凭着这两种飞动的线条，天底下的什么物象不可描绘出来？但可惜，王维并没有让这线条继续飞动，而是让它蓦地凝固了，凝固为大漠孤烟和长河落日。这能怨王维吗？

王维只在陕北待了极为短暂的日子，他的诗思怎么会不首先激荡于阔大的风光？怎么能要求诗人把所到之处的一切都付诸笔墨呢？

　　一次一次地被冷落，尽管是可以理解的，但碰到谁的头上，都无疑是重大的打击，都会有情绪上的波动。这柳，我心想它一定是一副失望的颓唐的样子了。孰料，它心静如月，仿佛世界上什么事情都不曾发生。翻开大地的档案，更知它千万年来，一直静静地观望，不曾激动过一次。

　　然而，当我的身影出现在柳的眼帘中的时候，柳不平静了，柳借漠风狂舞，首如飞蓬。而我，也恍若又见故人，顿生亲切感，真想喊着叫着猛扑过去。我感到了心和心的相撞，但我茫然不知何以如此。突然间，一个声音响在耳畔，唤我的乳名。我望柳，柳无言。望柳的枝头，一只红嘴鸦在叫："章娃！章娃！"枝头上还有些鸟雀，它们叽叽喳喳，隐约在说："等的是你！等的是你！"我欲问红嘴鸦，欲问鸟雀："谁在等我？谁？"但不待我开口，它们已四散飞去，而就在这时候，阳光下，柳的影子已拥抱着我，如亲人温热的襟怀。原来，柳是在等我。哦，柳！陕北的柳！朴拙如庄户人的柳！令人兴奋令人落泪的柳！几千年了，不等吟出《诗经》的诗人，不等王维，就等我！我诚惶诚恐："我有什么能耐？为什么等我？"柳仍无言，柳让山上的放羊娃传达出它的心声，歌曰："陕北生来陕北长，因为你魂牵这地方。南瓜蔓子白菜根，不等你的才华单等你的心。"我怎么能不被深深感动呢？我该怎么抒抒情怀？我虽然也写过诗，却事实证明并没有写诗的灵气，我只有求助于李白了：太平洋水深万丈，不及此柳等我情！况且，我本来对它也怀着难分难解的情结。我知道我该干什么了。

　　描绘它，没借鉴可寻。不论是关于柳的任何文字，都与它挂不上边。所以，什么蛾眉呀发丝呀的种种女儿气，应该首先在天地间扫荡净尽，不能有西施的影子，不能有林黛玉的影子，不能有刘三姐的影子。甚至京华柳的那种绿，江南柳的那种绿，灞柳中原柳的那种绿，在这里也可以剔除开去——只用黑。黑还要浓黑。于是，我把我周身的血液变成浓浓的墨汁，满腔满腔地往出泼。泼一柱疙疙瘩瘩的铁的桩子，泼一片铁的定格了的爆炸，泼一股爆炸了的力的冲击。或者，泼成曾经跃起在这儿的英雄：泼成蒙恬，泼成赫连勃勃，泼成李自成，泼成刘志丹和谢子长，也可以泼成这儿的无数死了的或者活着的普通刚强汉子。我还想把它泼成鲁迅。鲁迅虽是南方人，但他的骨头却像这柳。我要泼出的是鲁迅的黑白木刻般的雄姿——这就是这柳。

倘问：这柳没有枝条吗？有。但它的枝条不是垂下来的，而是横在天空中的，像爆炸射出的众多而凌厉的轨迹，像英雄举起的密密麻麻的刀枪。它的枝条是陶渊明的腰，五斗米也压不弯它。它的枝条是鲁迅的笔，其笔如椽，挥尽了一个时代的思想辉煌。

说到椽，这柳的枝条，确实是做椽用的。人们砍了它用来盖房子。一棵树可以砍六七十根。但砍了它，用不了几年工夫，又一层新的椽子蓬蓬勃勃地生成了。生了砍，砍了生，往复无穷。往复无穷的是瘠薄的土地上的悲壮的奉献。它常常悲壮的像断肢折臂的战士。但即使年迈了，衰老了，它的躯体变得干瘪而空洞，甚而至于剥落成扭曲的片状，仍不忘耗尽最后一丝骨血，奉献于世界。如果把它一生的奉献累加起来，每棵树都应该是一片森林。——这就是这柳。

我的描绘如果就此结束，我知道，还是对不住它的。我还应该用我满腔的浓浓的墨汁，泼出它的名字。有人把它叫作塞上柳，有人把它叫作蓬头柳，我还曾见过一个人，把它叫作扛椽树。我特别喜欢最末这个名字，因为它摒弃了柔弱的"柳"字，更因为它以浓郁的泥土气息，道出了它的根本特质。那么，就让我在浓浓的墨汁中饱和上深厚的感情，像豪雨一样，痛畅地泼下它吧——扛椽树！泼下它的时候，应该再次泼下它的奇崛形象，那形象仿佛是黑桩子，黑碑石，黑煤垛，黑旋风，黑白故事片中的黑脸黑衣传奇英雄，黑得使人过目难忘。这还不够，还应该泼出它黑色躯体中的代代相袭的遗传基因，以及由于这基因才一辈辈地、一年年地、永不歇息地扛着椽，扛着椽站起啊站起，献给父老兄弟姐妹，修筑广厦千万间。还应该泼出它的声音。那是负重的声音，那是拼争的声音。那是乐此不疲、坚韧不拔、不屈不挠、从来不说一个不字的声音。那是粗重地从胸膛发出来的喘气的声音。那声音如一股一股的西北风，风撼北国大野，壮我中华万世之威！

压 轿

陕北的花轿，现在是早已绝迹了，早已用汽车、拖拉机代替或者根本不要它了；但我小的时候，却常常能见到，常常给我带来无限的乐趣。

每当花轿过来，必有吹鼓手领头，咿咿哇哇地吹着；必有迎亲的以至送亲的妇女（称作"硬姑"），穿得花枝招展，骑着牲口，以花轿为中心，走成长长的一串。这支队伍的两侧，也必有娃娃们跟着，跑着，他们有时会不小心被石头绊倒，灰土抹靥地爬起来，胡乱地拍上两把，跟着又跑。这娃娃们里头，往往就有我。

要是花轿到了娶亲人家的碱畔上，噼噼啪啪地放起炮来，我们就更乐了，没命地抢那落在地上的哑炮。有时可以抢到好几个，还带着捻子，我们就再往地上东瞅西瞅，拣起一个还没熄灭的烟头，顾不上再看花轿，走到一边自个儿放起炮来。

看蒙着红盖头的新媳妇下轿，看拜天地，那自然是更有意思的，我们就使劲儿往人缝里钻。被挤撞了的大人，无论脾气多么不好，此刻也不会骂我们，也会把我们让到前边去。等这一套结婚的礼仪全进行完了，人们入席吃起来，我们又会凑到新媳妇身边，而新媳妇往往又会悄悄地给我们手里塞一块冰糖，于是我们受宠若惊地拿着跑开了。至于新媳妇穿着什么衣裳什么鞋，她的脸蛋是俊还是丑，我们却是不怎么注意的。我们只是为了凑热闹。热闹上这么一天，晚上睡得极香极香，有时候还会笑出声儿来呢。

使我十分高兴的是，有一年，我的一个叔叔也要娶媳妇了。那期间边区刚刚进行了大生产，到处丰衣足食，喜事都操办得非常隆重，我家也不例外。我记得，几乎是一年以前，家里已忙活开了：打新窑，喂猪，做醋；到了临近婚期的时候，推白面呀，磨荞麦呀，轧软米呀……样样项项，真有忙不完的事情。我年纪小，重活干不来，零碎活却总要插上手去。我高兴啊！

喜日，鸡叫二遍，全家人就都起来了，都穿上了新格崭崭的衣裳。到鸡叫三遍，前来帮忙的亲戚也都陆续进门。于是，大家烧火的烧火，切菜的切菜，扫院子的扫院子，家里家外，灯火辉煌，忙成一片。接着，踏着上午暖堂堂的阳光，亲友们，拖儿带女，在相互问好声中，也都上了硷畔。

花轿要出发，人们喊叫着，要我家的一个男娃娃去压轿。所谓压轿，就是坐在去迎亲的轿里，及至到了新媳妇的娘家，才下来，再让新媳妇坐进去。这是陕北的风俗，不能让花轿空着。我一听，高兴得简直要疯了，呼踏踏跑过去，就要上轿。谁知管事的大人硬是不让我上，而把我的堂弟推进轿门。我于是躺在地上，打滚搏蹦地哭闹起来。

他为什么这样？为什么不让我去压轿？

尽管只有六七岁，我却联想着平时听到的一些事情，心里倏地明白了。原来，我不是这个家里的人；我一岁的时候，爸爸便死了，当时妈妈很年轻，过了几年，她后走到此，把我带了过来。平时，一家人对我还好，所以没有什么明显的感觉；而在这种关键时刻，在堂兄弟中，虽然我的年龄最大却不让我去，事实上的不平等表现出来了。想着这些，我委屈透了，躺在地上越哭越厉害，别人拉也拉不起来。

　　为我历尽艰辛的妈妈，使我至今一想起来都不能不下泪。她当时看着这个场面，一定极度伤心，以至没有勇气走到人们面前来，乘哄我两句。我猜测，那时候妈妈或者在炸糕，或者在洗碗。她的泪水花花的眼睛抬也不敢抬一下。多少年来，每遇到伤心的事情，她总是这样。她不喜欢把自己的辛酸讲给别人，哪怕是自己的亲生儿子。那时候，我的每一声哭嚎，都像在她心上扎了一刀啊！

　　就在这种情境下，一个邻家姑娘走上前来，双手拖起脸上满是泪水泥土的我，跟管事的人力争，要叫我也压轿去。她名叫秦娟，比我大十岁，梳着一根长长的单辫子。她父亲是卖瓜子花生的。我常见她每天都起得很早，不是拣蓝炭（煤渣），就是和弟弟一块抬泔水。

　　秦娟动了感情，高喉咙大嗓子，争得面红耳赤，但终于在众口一词的情况下，没有争得任何胜利，眼看着花轿抬走了。她气鼓鼓的，当着众人的面，忘了姑娘家的娇羞，把搭在胸前的黑黑的辫子往后一甩，对我说：

　　"听话，别哭啦。到了我的那一天，保证叫你来压轿！"

　　她这句话，引得人们哄堂大笑，她一拧身走了。她没有坐酒席。后来人们打发娃娃三番五次地去请她，她到底没来。

　　由于这一层原因，我以后见了她，心里便泛溢着一种特别亲切温暖的感情。她也对我格外好，常常从家里拿出瓜子和花生，大把大把地塞到我的衣袋里。有次来到我家，和妈妈一起做针线活儿，她笑得甜甜的，望着我，让我喊她姐姐。我心里虽然很乐意，嘴却像生铁疙瘩，叫不出来。她佯装生气了，眼一忽闪，头一扭，不再理我。

　　这年的冬天，秦娟家搬走了，搬得并不远，还在延安市区；但在我当时想，却好像搬到另一个世界去了，难得再见面了。为这事情，我心里很难受了一阵子。

我常想她，特别是遇到不愉快的事情，更想她。

过了两年，一个傍晚，我在外边耍渴了，跑回家去舀了半瓢凉水，咕噜咕噜就是个灌。忽听有人喊我，扭过头来，却是一个脸盘红扑扑的女八路，坐在妈妈身边。看了好半天，我才认出，她竟是秦娟！妈妈告诉我，秦娟到了队伍上的剧团，当演员了。秦娟兴奋地笑着说，马上要办个喜事，叫我去压轿。我问：

"给谁办喜事呀？"

"给我！"她响亮地说。

"好！我压！我压！"

妈妈却笑道："别听你秦娟姐姐瞎嚼！"她又对秦娟说："你当的是八路军，可又坐上个轿……"妈妈说着笑起来，笑得前仰后合，用手擦着笑出的眼泪，最后好不容易才又吐出几个字："像个什么！"

秦娟脸上虽然带笑，却非常认真地说，她已决定了，同志们也很支持，一定要这么办。她说，不是为了别的，只是为了让我压一回轿。她还说了些什么，我现在印象很模糊，但中心意思是十分清楚的，就是要让我一颗稚嫩的、受到伤害的心，能够得到平复。

秦娟结婚的时候，我去了。我是下午去的，大概怕影响太大，晚上月亮升上山头，才闹腾起来。

穿着灰军装的人们，这个给我塞一把枣子，那个给我塞两个苹果，然后把我领到花轿跟前。花轿不像老百姓那样的，很简陋，是用两个桌子腿对腿扎成的，上面缠绕了一些演秧歌用的红绸子。他们嘻嘻哈哈地把我抱进花轿，又嘻嘻哈哈地抬了起来。花轿前头没有吹鼓手，只由三个人拉着小提琴。

那晚月光很好，他们抬着花轿，抬着我，沿着山腰，喧闹着向秦娟住着的山那边走去。没走多远，忽然有人报告，一个很厉害的首长上山来了。大伙慌了，赶紧把花轿抬到月光照不到的暗处，悄悄地蹲了下来。

过了好大一阵子，看着首长还没离去，闹不成了，大伙正准备彻底收拾摊子；却不料又有人前来报告，说是秦娟亲自找上首长，说明了情况，首长居然笑呵呵地同意这么办了。于是，寂静的山坡，又喧闹起来。于是，人们再一次抬起了花轿，抬起了我。

月光洁白得就像牛奶，而我所乘坐的花轿，红得就像花；花的红颤悠着，颤悠着，连同提琴之声欢笑声，连同我的心上的欢愉，浸润开去，于是，牛奶般的月光粉红了，浅红了，大红了，载着花轿载着我，流向山的那边……

这情景，以后常常出现在我的梦中。

儿时的我，只像一片小小的树叶，这树叶只碰伤几乎看不见的一点儿，却被牢记于心，以至终于引起整坡森林温存关注的颤动——让我压轿。

这回压轿，虽然不在白天，虽然没有吹鼓手，但那红红漾漾的热闹劲儿，那重若宝塔山、清似延河水的情意，那革命圣地的春风般的抚爱，却是我终生难以忘怀的。

红着喊着千百树

一棵枫树的叶子突然变红了！

这，使我非常惊喜。

它就长在我们院子的大门口，我每天出出进进都要见它好几回。前天没见它有什么动静，昨天没见它有什么动静，甚至今早晨也没见它有什么动静，就是说，一点儿预警都没有啊，怎么突然就红了呢？

我记得，它本来是青翠欲滴的。在它变红的前几天，每天大清早出门一看，它的绿不清楚了，它的身上蒙了一层毛玻璃似的白霜。

眼望白霜，我身一颤。

可以想到，在霜如刀劈的一夜又一夜，枫在进行着怎样壮烈的抗争。

是不是因为霜寒入骨，它才变红的呢？

而它变得何其突然！它的巨变，是发生在几小时甚至是几分钟之间的事情吗？

树是密西根大学①北校园的树。这儿风景优美，有如森林公园，高的，矮的，成片的，独立的，蓊蓊郁郁，栖鸟落雀，到处都是树木。一种现象是这儿的独特之点——正行走，学生们往往忽然不见了，像鸟羽之陡被风卷，那是进了树林了；空白处，学生们往往突然出

———
① 密西根大学一般称为密歇根大学。

现了，如大侠之凌空跃下，那是从树林出来了。他们脸上是青春的光晕，背上是书包，脚下是路，路载负着欢歌笑语也载负着丰沛的负离子，在林中出没穿行。

近几天来，树木上的霜落得越来越重了。

我们院门的东边还有几棵枫树，我便时时注意它们了；但即使时时注意，它们的奇诡变化，还是叫你无法看清。它们不知在何时又眨眼就红了。它们就像川剧中的变脸，变得那么神速，那么迅忽。

正为这些枫树惊叹时候，又有几棵红了，又有十几棵红了，又有上百棵红了；接着，一批一批地红，一片一片地红；接着，红在这边喊叫，红在那边喊叫，都喊烫了烫了烫得快着火了，到处闹闹嚷嚷，闹嚷声中到处已有了烟儿，叫人真不知该看哪里。

它们从南，从北，从楼前，从楼后，从显著的地方，从一些偏僻的角落，呼啦啦地热过来，烧过来，红过来，一直红到我的眼畔，瞳孔，心底，以及整个生命里面。

被喜悦的情绪亢奋着，我一遍又一遍地在校园转悠，巡睃，如一只寻找猎物的兽。我身后拖着的影子，是一条长长的尾巴。

那些枫树，有的叶子全红了，深红，就像刚刚从染缸里捞出一样。有的只红了枝梢，它就像被一个巨人倒提了，很有节制地在染缸轻轻蘸了一下，又放在这里。有的树每片叶子都染了个红边，中间的绿色依然亮丽；有的树叶则红棕黄绿，各得其色，给人一种极其斑斓的感觉。那么，它一定不是老式的染缸就可以染出来的了，染它靠的是最现代最神奇的印染技术。便想问来往于树下的黄头发的美国学生和黑眼睛的中国留学生，这种印染技术，是出自你们的哪个实验室呢？

哦，红着喊着千百树，拨我心弦，引我瞩目。

不光枫叶红了，橡树的叶子也红了，冈树的叶子也红了。树下有一种三尺多高的长叶灌木，那长叶也红了，在风中摇曳。还有高高攀附上大树的一些藤萝，它也红了，就像花红的游蛇；或者，就像红色的飘带；或者，就如哧哧燃烧的导火索；或者什么也不像，而只像红笔书写的不羁狂草，那是十月的天地精灵，正在以狂草赋诗抒情。而且，呀，红了野苹果，红了野草莓，红了数不清的叫不上名字的大大小小的各种浆果，那些浆果挂在枝叶间宛如狂草激起的乱蹦的星星。

整个密大北校园，都好像被一种灵火所燃，每棵树都是一股火焰。满怀理想的莘莘学子背着书包匆匆来去，好像为了使这火势更猛，更劲，他们在添油，他们在扇风，他们好忙碌！哦哦，树也忙，忙着闹秋；叶也忙，忙着歌唱；火焰也忙，忙着翩翩起舞！

红叶映红人们的脸膛，使人们兴奋如树，如叶，如火焰。使人们有了极好的心绪。使人们想放松一下，浪漫一下，痛畅一下。这样的时候，即使终年埋头学业的一些最用功的中国留学生，怎能不也三个一群五个一伙的，以树为背景，捧着相机照相了呢？

咔嚓！咔嚓！咔嚓！

咔嚓不住。

意识到这样的绚丽日子不会久驻，照得好贪！

哦，红着喊着千百树，树树似人，人也似树！

在这里，在这样的时候，谁不想追寻更美的红叶？谁不想看个够？于是，周末，孩子驾了车，领我们驰出校园。不用说我们徜徉于茫茫林海。不用说我们一次次为醉人的红叶欢呼雀跃。不用说我们得到了淋漓尽致的享受。而意外的收获是，森林中有红叶遮蔽的公路，我们沿着红艳艳的公路走进去，看到了许多绝美的教授住宅。那些住宅就在枫林深处，曲里拐弯的私家路连接着它们，这儿隐藏一幢，那儿隐藏一幢。它们的门前没有草坪，没有花圃，没有短墙和台阶，只有汽车在那儿静静地停着，但我实在喜欢它们，因为它们与森林浑然一体，既现代又充满了原始的野趣，看起来比任何住宅都更加美丽。特别是它们的被金红色的灿烂叶片点缀着的高高上空，那些叶片如梦如幻，如梦之悠远，如幻之飘逸，它更是美得惊心动魄，宛若伟大画家塞尚或者梵高在那儿十分潇洒地抹了几笔。

我以衰弱迟暮之躯，激动得手舞足蹈。

哦，红着喊着千百树，树看我疯，我应是树！

浅　春

　　春深了的时候，满眼是绿，绿，绿，满眼是墨绿，满眼是雷霆也炸不碎的绿；今天如此，明天如此，后天亦复如此；万物都是踌躇满志的样子，万物都似乎懒得再动一动了。那，有什么好呢？

　　眼前可好，是浅春。

　　这浅春，猛一看去，山是灰黄的一片，树是灰黄的一片，仿佛要使人失望了，可是细瞅那山的坡塄上，树的枝丫间，也有绿：初起的绿，惊醒的绿，跃动的绿。这绿虽然不多，却给人十分有力的点化。仿佛到处都闪烁着一些什么信息，仿佛到处都包藏着一些什么暗示。它使你不能不像孩子一样，想跑，想跳，想探明一些什么奥秘。而当你甩开胳膊迈开腿的时候，你浑身的每个关节，好像都在情不自禁地歌唱了。

　　起风了，你向前走去；下雨了，你照样儿向前走去。因为你知道：那初起的绿，惊醒的绿，跃动的绿，风雨，是抹不掉的；它们只会在风雨中健壮起来，繁衍开去。

　　看看这片风雨中的草坪吧！一簇一簇细长的枯叶，仍然长在地上，像拖把上的烂布条条一样，厚厚地堆了一层。连雨珠儿的晶莹装饰也不能使它变得稍许好看一些；而就在这枯叶的缝隙，像阳光射穿僵死的云层，像琴声飞出残破的窗口，一支支鲜活而刚劲的绿芽，于腐朽间，于疮痍中，冲出来了！窜出来了！拼着搏着站起来了！

枯叶就像是一片废墟，而绿芽就像蓦然矗起的幢幢高楼；枯叶就像是一片荒漠，而绿芽就像是直指云天的枚枚火箭。这情景，立时给人一种十分强烈的新生的感觉，崛起的感觉，不可抗拒的感觉。

夜里，真冷。你不能不生起炉子，蜷缩到被窝里去，连胳膊也须盖得严严实实。你不由想起古人"乍暖还寒时候"的诗句，对我们祖先的绝妙概括发出由衷的赞叹。第二天早晨出门一看，嗬呀！地上竟铺着霜了！一些绿芽也被冻成蔫溜溜的样子了！

可是，忧伤的情绪还来不及散开的时候，强占你心头的，却又是一片喜悦。在暖洋洋的太阳光中，那些被冻蔫了的绿芽，又都恢复了充沛的生气。而且，就在山崖下那蓬荆棘丛中，出现了更加令人鼓舞的新意——开了几朵金灿灿的蒲公英的花儿。在那儿，闪耀着多么鲜亮的奋斗者的欢欣！

这时候，你的心上会生出些什么样的欲望？你难道不想让蓬勃向上的精神注满你的周身，去探索，去创造，去促使这时代像浅春一样，变幻出愈来愈美的色彩么？

> 高跟鞋，响过绥德街头，
> 提起个家来家有名，
> 家住在绥德三十里铺村；
> 四妹子爱见个三哥哥，
> 他是我的知心人。

这首深情悠婉的民歌，多年来，使绥德成了人们心中的一个亮点。但是，你到过绥德吗？你不想领略一下绥德当今的风采吗？

汽车沿着咸榆公路飞驰，飞驰，一路是看不尽的山、塬、树、村庄、城镇，羊群和车辆，农妇和窑洞；途经宝塔高耸的革命圣地延安，然后车窗外又闪过一个又一个像磕头一样的抽油机，一堆一堆的煤炭，一层一层的石板；眼前群山之中，二水汇流，三桥飞架，出现一座虽然只有一名交通警察却欣欣向荣的山城，这就是绥德了。

绥德人是自豪的。不知是在什么年代，他们就在自己城边的青石崖上，凿下了四个瓦房似的大字——天下名州。这四个大字，新近涂了红漆，热烈得像燃烧一般，更突出了他们的自豪感。

看看街上匆匆往来的行人，看看行人的衣着，你便会惊异地发现：尽管地处黄土高原的山旮旯，这座山城却一点儿也不土气。只要凝视片刻，你又会发现：这"不土气"的印象，全是从妇女们身上生出来的，特别是年轻女子。她们一个个穿着入时，就是走在北京街上也毫无逊色。而男人们，则全都穿得普普通通。

这时候，你不由不想起一句赞语来："米脂的婆姨绥德的汉。"绥德向来出美男子，举目四望，果真如斯——市民是美的，干部是美的，交通警察是美的；那边走来个淘粪工人，他也是美的。你于是想到，也许为了这个原因，为了能够匹配，绥德的女子们，才特别注重穿着打扮。

但你立即又发现，不对。绥德的女子们，绝不亚于男子汉，甚至比男子汉长得更美。瞧那脸蛋，瞧那腰肢，哪个不能上上画图？她们不愧是压倒"一十三省"的蓝花花的后裔。难怪她们刚刚看过一部反映陕北生活的影片，没走出影院，就叹息起来了：

"唉！咋选了那么个演员？"

"那女子一满不俊。"

"可不是！叫人家看了说，咱陕北女子又丑又胖，满没个样样儿！"

她们理当抱怨。因为她们看见，演员反而不如自己。

绥德的女子是美。

看来，把"米脂的婆姨绥德的汉"理解做泛指绥、米一带的人，不论男女，都长得很好看，是更恰当一些的。天生丽质，加上漂亮的衣着，使绥德街上的女子们，飘然若天仙一般。这飘然的举止，是和步态分不开的。绥德的女子们很注重步态。

当地人看一个女子美不美，也很注意这一点。这里有一首古老的民歌：

干妹子好来实在是好，

走起来好像水上漂。

须再强调一句，这是一首古老的民歌，唱的是往昔的事情，这反映了绥德人传统的审美观念。现在，绥德街上的女子们，"漂"得更风流了，更有韵味了，那是因为，她们不独衣衫漂亮时新，而且穿上了高跟鞋。

的确，最引人注目的是她们的高跟鞋，她们几乎每人都穿一双。如此普遍的高跟鞋，如此密集的高跟鞋，即使在北京，在上海，在广州也很难见到。那些高跟鞋，大多是枣红色的，又大多请街上的摆摊儿的江浙小师傅钉了鞋钉，走在蓝天朗日之下，走在青石铺就的街道上，要光有光，要声有声，红艳艳闪着，笃笃笃响着，如灯笼一般，如鼓点儿一般，嘿，多么迷人！

女子们多喜欢两人结伴来去，有时还厮跟得三五成串，一群一伙。那时候，高跟鞋闪着——你的灯点燃我的灯；高跟鞋响着——我的鼓震响你的鼓。这灯光和鼓点儿交融在一起，更叫人动情，更叫人生出许多联想。

一日，雨后。一双红火蛋似的高跟鞋，带着清新的风，从碧绿的萝卜缨缨边走过，从金黄的老南瓜边走过，那五彩斑斓的色彩，辉映着绥德城四周的山崖沟洼，竟使一位远道而来的老画家，像孩子一样欢呼起来。

哦，你踩响了大地琴弦的高跟鞋，你展示了生活含义的高跟鞋！

据当地人讲，绥德女子们的爱美、爱穿戴，不自今日始。这好像是个传统，辈辈都是这样。她们总是在追求时新的东西。边区时代，延安的女同志怎么装扮，她们就怎么装扮；现在，北京风行什么，她们就穿戴什么，她们经常乐得就像鸟儿一样。

但你也会听说，她们也有心苦情涩的年月。那时候，姑娘都姓"铁"，敢想穿和戴？即使敢想，也没有敢干的，因为整年连肚子也填不饱。这里流传着一个辛辣的故事，说是有一天，一只老鼠来到县城，转了一圈，寻不下任何可以充饥的东西，于是仰天长叹一声，头一扭便走了。编故事的就是本城人，他因此招来横祸，几乎被迫害致死。这个故事，活画出绥德人民当时所处的悲惨境地。

而此刻，绥德街头，你听到的是两个本地人的乐哈哈的对话：

"拜识（朋友）！今年光景咋个？"

"真米化谷，白面好肉，可吃美啦！哎，还要咋哩？他日本家首相能吃些甚？"

"那……为甚不给你买上块表？"

"嗨！不是买不起，是嫌戴上累事呢！"

你可以听得出来，答话人的满足感溢于言表。他四十多岁，穿件白衫子，衣领非常干净。

说话间，耳畔传来高跟鞋的声响。这两个人看看穿得硬格铮铮的女子，又拉起话来：

"这些女子，都跌进福窝窝里了！"

"谁说不是？哪个身上的穿戴不值百十块钱？"

"可她们心里的意见还多哩！"女子们听见了，不满地转过穿着浅蓝色坎肩的身子，隆着丰满的胸脯：

"意见多咋啦？人心不是北冰洋喀！"

高跟鞋撑起的，是一个燃烧的灵魂。你只要走几步打听一下就会知道，她是前年才招收下的一名工人。她使那个长着满脸络腮胡子的厂长很感头痛。她整天喊叫着要改革。

她不是逆来顺受、眼神灰暗的"铁姑娘"，她也不是手提着羊肉往哥哥家里跑的蓝花花。她肚子里消化的，不再是糠菜豆渣，而是细米白面，有时还有罐头、啤酒。正像高跟鞋把她的躯体撑高了一样，她的精神升上了一个更高的层次。她喜欢谈论一本已经揉皱了的书，那书名叫《第三次浪潮》。

女子向前方走去，高跟鞋笃笃地响着。

一双又一双高跟鞋，响过绥德街头。

高跟鞋，使女子们身段的各个部位像山河一样，隆起的隆起，凹下的凹下，有了美丽而鲜明的曲线。

高跟鞋，使山河像女子们一样，妩媚多姿，永葆青春和憧憬。

哦，红宝石似的高跟鞋，红玛瑙似的高跟鞋，红珊瑚似的高跟鞋！

哦，如此新鲜如此生动的高原小城！

不待你想下去，那边山湾湾里，传来一曲风趣诙谐的歌儿：

骑青马，过青台，

走在碧上掉了高跟鞋；

哥哥给我拾起来，

羞得妹子头难抬。

那歌声，惊乱一树花翅膀雀儿，雀儿扑棱棱飞起来了……

域外迎春

终于盼来这一天了，大年三十。

远在一个多月之前，我就开始了暗暗的期盼。我的邻居皆"非我族类"，不是美国人就是法国人、澳大利亚人，每天与他们碰面虽然总是互问安好，但是他们哪里会从我的脸上读出殷殷之情。他们当然对我们这个不平常的日子都无动于衷，就像这冬天的加州大地，冷冷清清，冰冰凉凉，唯有我的心是热的，烫的，是冒着火焰的。我的如此表现，好像回到了童年，童年的我确乎是这样的。可是有了一把年纪之后，记得，再也没那样的激情了。那大概是因为一直置身于国内，现在的我是多么的不同！已经是有几个孙子的人了，却酷有孙子似的稚气心性。其实孙子的心里并没有我心中那个大写的"年"字，他盼的只是多吃一次汉堡包，多玩一会儿电脑，我便不断掐着指头告诉他，还有几天，就要过年了。孙子虽然反应平平，我却反复述说。述说的时候我心里是最快乐的。但概而言之，我的期盼不露声色，越不露声色，心里的喜悦越多。我真切地感受到了这喜悦的重量。我悄悄地独享着这份沉甸甸的喜悦。

现在大年三十终于到了。我们早已置办好了种种年货。我们已把大红灯笼挂在房间。冰箱塞得快要关不住门儿了。由我主厨，已炸好了丸子，做好了粉蒸肉。家里弥漫着浓浓的年的味道，年的气息，年的色彩。这些味道、气息和色彩，于开门关门间，早已播散出去了。连邻居的狗也好像逮到了什么信息，汪汪地叫。这叫声宛若声声祝福，教人听了心里滋润得就像喝了一杯好酒。万事俱备，只待明晨全家人一起动手包饺子了。但我忽然想起，怎么忘了买韭菜了？家人都说，不是有白菜吗？白菜做饺子馅也很好。我说，白菜馅不如韭菜馅味儿长，况且，以往咱们年年正月初一吃的都是韭菜馅的，这时候韭菜正嫩，今年也别破例。大家正好也想出去转转，于是就决定开车去中国超市走一趟。

中国超市门前的宽阔的停车场上，车早已塞得不见一个空位，我们绕来绕去地跑了好几圈，费时二十多分钟，总算将车泊好。此时虽然知道今天超市人特别多，但进了超市，还是吃惊不小。那简直是一锅沸腾的粥，一池难游的鱼，一地没有缝隙无法在风中摇摆的庄稼！在美国，在这个中国超市，我都从来没有见过这种景象。但回忆在我们中国，这种情况却是总会看到的了。我们中国向以人口众多著称，每个人都是生活在拥挤中的，无论是北京还是西安的副食市场，只要逢到节假日，便是一派拥挤壮图。年三十当然更是如此。那么，我们这里现在应该是和我们亲爱的祖国接着轨了：同样的拥挤，同样的碰碰磕磕，同样的理解和宽容。当然其中还有一条：同样的甜美心绪。而比起国内来，我们这儿的人员构成绝对是多姿多彩的：不但有中国人，还有欧洲华侨，印尼华侨，以及其他已经不会说中国话的各色华侨。是共同的血脉，共同的文化，共同的中国心，把大伙紧紧地系在这儿。

每个人都推着购物车，车子都装得满满的。推车的多是青年男女，青年男女身边跟着老头老太太——那一定是他们的父母或公婆了。也有人领着小孩，把小孩放在购物车上，或高高地掮在肩头。但每个人都寸步难行。可以说，是一分一厘地往前挪。我们一家可以说是人群中最轻松的人了，只由我拿着一把韭菜，可是，我们仍然走不前去。眼前好像不仅是一池稠得无法涌动的人流，而且是一部字迹密密麻麻的美国版本的中文字典——《中国人大字典》。在这部字典里，分不清张、王、李、赵，看不清各人面目，只知道每一个人都是一个汉字，横，竖，撇，捺，勾，每一笔都多么遒劲。但这每个汉字里深藏了多少节日的欢欣？哪里是这欢欣的源头？是夏、是商、是先秦两汉还是青藏高原的当曲、扎曲、卡日曲？它的上空飘着多少苍凉的歌多少奇异的云？我问熙熙攘攘的美丽汉字，熙熙攘攘的亲爱的同胞们，谁又能解释清楚？

也有几个白人来到这里。他们的表情说明，他们有一种新奇感。因为这里和他们的白人超市大不相同，这里有风光殊异的色香味。是四川腊肉的色香味，东北酸白菜的色香味，湖南豆腐乳的色香味，上海年糕的色香味，北京烤鸭的色香味，台湾高粱酒的色香味，还有花椒的色香味，香醋的色香味，猪下水的色香味，甚至还有鞭炮的色香味和大红对联的色香味。这种种色香味合在一起，在美国，在加州，在这一间祥和的大厅，一个世界热热腾腾红红火火美艳绝伦，中国人的喜迎春节的世界。

我们总算排进付款的队列了，但那队列还叫队列吗？它哪儿有队列的形状呢？它根本不是一条线了，完全是面，是人的一片，挤挤挨挨，或者是一个人头人身组成的喜悦而又焦灼的人群的庞然团块。虽是这寒冬腊月的天气，我身上已微微出汗了。孩子们抱怨：今天实在不应该来凑这个热闹的。我也稍稍觉得有些划不来：只为了买一把韭菜，在人群中挤了快有一个小时了，还挤不停当！

我们后来终于走出超市，大大地舒了一口气。都回头望一眼，笑着，大发感慨。就在这时候，忽然有一个人凑上来，问我："你是西安来的吗？"是一个青年，和我一样，满口的陕西话。我后来知道他是从关中平原来的留学生，在加州理工学院就读。他分明是听见乡音才前来认老乡的。那一霎，那青年是那么兴奋，我们也是那么兴奋，我们就如两条长途跋涉的河流忽然相遇了，溅起了千丈万丈的浪花。那浪花应是溅起在生命深处的，我们的眼睛都潮潮的了。亲不亲，故乡人哪！暖心不过故乡音哪！一声何满子，双泪落君前哪！来美国好几年了，我还是第一次遇到真正的老乡。我家不是住在华人区，平日里别说见老乡了，见个中国人都难。我们的邻居中有一户韩国人，因为彼此都是亚裔，我们之间就有一种特殊的亲近感，就几乎互认老乡了。我虽然和韩国人语言不通，但是见面总是亲切地打打招呼。我家和他家还经常互相馈赠一些鱼虾菜蔬之类的东西。现在，在这红火热闹的超市门前，居然遇到真正的老乡了，哪能不十二万分地高兴！

直到晚上坐到电视机前的时候，我还难以平静。我默默地回忆着那十几分钟的乡音交响，在那十几分钟里，三秦大地，三秦大地上生长的白杨树，冬小麦，蒲公英，牛羊，喜鹊，以及无数朋友，以及仙逝了的母亲坐过的石头走过的路，以及思想和文化，以及云霞，一齐在我心中闪现，让我忘情依偎。那是多么美好多么舒心的十几分钟！

十几分钟我已知足了，已经够我享用一两年了。

天天看日落

　　我曾在旧金山左近的赫沃山上住了一些日子。那儿拔地而起却又平平坦坦，恍若踏上我家乡陕北的高高山塬，但毕竟不是陕北——大树森森，巨石垒垒，且长风不时吹过，而向山下望去，看到的是遍地的绿树、洋房、车流以及人影，还有碧湛湛的一湾太平洋的海水，万顷琉璃辉映着轻若薄瓷的雪白鸥翼。

　　赫沃清晨总是有雾，那雾就像是由千万张雪白的鸥翼织就了的，白得触目惊心，往往直到十一二点，太阳才勉强能从那鸥翼中挣脱出来，且带着一身的慢慢才能褪净的白色点痕。人们都喜欢看日出的壮丽喷薄，而在赫沃所看到的日出，竟是这样地令人沮丧令人不堪。

　　可是赫沃的落日却总是让人惊喜不已，血脉偾张。我看着那涤荡心魂的落日，虽然老了，却由不得诗化自己，浪漫自己。我由不得纵臂狂呼一阵。啊！那是多么瑰丽的落日啊！那太阳的经典版本，那红极一时的太阳！它人杰似的热诚率真，并且光彩夺目气象万千。我感到这时候整个大地都在微微震颤。因为有一种穿透力如壮士手中之剑，因为有一种感染力胜得过一切绝唱。我下意识地揉揉眼睛，反复纵目凝视——它隔着开阔的硅谷谷地，定定地站在对面的山的峰巅，热情豪放地注视着辛劳了一天的世间万物，眉梢眼角都在演绎着一个洪亮的声音：拜拜！拜拜！拜拜！于是山在回应，它说拜拜！水也在回应，它也说拜拜！天底下的一切生灵一切物体也都在回应，它们也都说拜拜！拜拜！拜拜！啊！火一样的声音啊！钢水一样的声音啊！岩浆一样的声音啊！

好一个难分难舍的场面啊，这落日时分！

——是火花流转迸射在眼眸的时分！

这时候我忽然想起杜甫的写在我家乡的"日脚下平地"的诗句了。太阳本来无脚，可是由于我们民族美学熏陶出来的杜甫的激发培养，太阳终于有脚了。现在正是太阳的脚走下平地的一刻。感觉里，这一刻太阳的脚是分明出现在那里的，它硕大有力，筋腱富于弹性。现在你回想回想这一天吧，回想回想这一天的太阳，这一天的太阳虽然有着活力勃发的脚，可是它却总是一派懒汉似的不肯前行的样子，我们抬头看看它，它不动；我们又抬头看看它，它还是不动。可是现在却不一样了。作为宇宙间最伟大的行者，它这一刻才展示出了它的行者的全部风姿！你看它那脚，走得何其显赫，何其快捷！它此刻的沉降的速度是以分、以秒来计算的。你得不断伸长脖子，再踮起脚尖，与它争分夺秒。这一刻你绝不可任意眨眼，如果眨一下眼，说不定它就弃你而去，甚至你连它的背影也看不见了。我多次遇到过这种倒霉的事情。我倏忽间就被暮色所笼，如雾失的楼台。咳！

但我又多次变身为后羿，多次追日而去。当然我的追日，不是向前，而是急转身，向后看，向山的高处、山的艳红处，飞步而上，气喘吁吁。那儿还在燃烧，一脚踩到那儿，便红了全身，我当然是又看见太阳了，还有烘托着太阳的彩缎似的云霞，以及云霞中的珊瑚般的鸟翅机影。

　　那时候，我完全沉浸在一种庄严的洗礼中去了。我停止了思维。我的眼里消失了世界上的一切苍白、颓唐和想入非非。我后来曾想，天地灵魂就是在这样净化着吗？有几分可能。此刻我知道黑夜将至，我心里却一片通明。啊！我的太阳啊！辉煌的太阳啊！我仿佛听见大胡子的帕瓦罗蒂在唱。他的绝尘高音和胸腔共鸣，使千山万壑都发出了回响。于是，到处是帕瓦罗蒂，到处是落日的轰鸣不息的光线。光线中的千般物质，万种色彩，或者在飞扬，或者在飘散，或者在上升，或者在沉淀，或者在旋转，或者在迸射。啊，这日落时刻，这发酵不安的时刻，这高高天空最活跃的时刻，这个时刻每个分子都在跑呐，漫天裙钗漫天舞。燃烧着的天，涅槃着的地，燃烧涅槃里显露的是巨笔挥写的一行昂扬大字：说什么落日寒鸦断肠！夕阳你落吧落吧落吧快落吧，你落进墨汁的深潭里，滚一身黑，当你明朝再次跳出来的时候，却又是一球的鲜红，如一支更美的序曲，而序曲的演奏者，层层滔滔，是无尽的山河无尽的交响乐团！

　　那一些日子，我几乎天天一到傍晚就急忙跑到赫沃的山畔畔上去，去看落日。我看落日如挚友，料落日看我应如是。那些日子我总是处于亢奋状态。我时时怀着一种向往。那向往时时挑逗着我。那日子是我天天总是不忘总是急于要去享受一顿精神美餐的日子呀，无比奢华无比富有的日子。

　　而这样的日子，在我生命的里程中，也是曾经有过的。那是在从满洲里出发，去莫斯科的路上。火车哐哐哐地在广袤的西伯利亚飞驰。一直不住气地哐哐了六天。骨头架子都快要被哐哐散了。唯一让人喜欢的，是可以饱赏西伯利亚壮阔的风景，可以看到随风起伏的一望无际的草浪，可以看到勾起心头淡淡哀伤的苏武牧过羊的贝加尔湖畔，还可以天天看到多姿多彩的日出和日落。但早晨我们一般醒得较迟，因而还是看日落多些。

六天六夜的超长行程中，看落日有另一番奇特的感受。头天是下午六时看的落日，那落日就像俄罗斯人手里摆弄出来的一切：笨重而粗宏。哦，大哉此日！那落日简直像七尺大锅正炒的一锅辣椒，弥散着一种逼人的呛味，尽管它距离我的列车不知有多少光年。那呛味竟辣出了我一脸的汗水。当第二天六点我又准备接受那辣椒烤炙的时候，奇怪了，那太阳却又像中国式的碾盘在半天高悬，迟迟不肯挪移。一直到了七点多，血红碾盘才终于咚的一声滚落到地平线上，而它溅起来的晚霞特别绚烂，就像是俄罗斯不朽画家列宾的调色板，随意而又抢眼。大风吹来，地平线上热草贴着晚霞沸腾，一群酽红的骏马就埋首于其间。第三天日落时间却又晚至八点多了。看着这样的日落，让人明显意识到经线像条条绳索一样竖绑着我们这颗老地球，它唤起的是一种科学的观念。但我不愿意多想地球再怎么围绕着太阳旋转，而是沉迷于我的审美之中，每天一到午后，总是臂倚茶几，早早地守望，守望。我天天看着落日以各式各样奇重奇大却又美轮美奂的辉煌姿容，怎么成吨成吨地挥霍着色彩，怎么在漫天燃烧的晚霞中，或者沉没于山巅，或者沉没于江河，或者沉没于苍茫辽阔的大森林之中。这时候我曾想起统治过这片大地的无数君王，因为他们大多都曾被称作为太阳，令人畏惧令人无言的太阳，但是曾几何时，他们都一落不起。与此同时，我又想起了被称作俄罗斯诗歌的太阳的普希金，只有他有升有落，往复无已。我听见车厢里正在播送着他的迷人诗歌。这颗太阳是爱的太阳。

说起诗歌，我云遮雾罩的记忆中，便踏歌阵阵，《诗经》的优美旋律便不期而至。那是我们古老祖先的咏唱之声："鸡栖于埘，日之夕矣，羊牛下来。"它穿过两千多年来的风霜雨雪烽火烟尘，却至今光华不减，也没有语言阻隔，一如唱在我的童年。而我童年听过的陕北歌谣，简直是它的翻版："日头擦山了，牛羊回来了，快揭锅快拿碗，咱们要吃饭了。"这些歌谣中的落日，都算不上壮丽，算不上华盛，算不上灿烂，特别是我家乡的落日，从来未被我所珍视，只能尘封于我大脑沟回中的一个旮旯儿，可是于今把它翻寻出来，细细品味，它却是那么地令人惬意令人心醉！

日头擦山了，牛羊回来了。

那是一种平平凡凡的场景，那是一种温温馨馨的氛围，那是一种亲亲切切的韵味。记忆中，先是发现那日头偏了，接着隐约感到日头加快了脚步，光和影便交替变幻，明明灭灭，黑黑红红，花样百出的光线渐次扫过了一架架山，一座座峁，一道道梁，一条条沟壑；再接着，凉气从石底、从泉眼、从云缝悄悄逸出；再后来，日头便出人不意、暮鼓一声地擦挨到山疙瘩上了。一瞬间晚霞金光四射——有的山成了瓷，有的山成了铜，而更多的山则成了金子，白金、黄金、赤金，而窑洞、崖畔、街市，以及灰布军装三八枪，以及羊肚子手巾老皮袄，以及从山里回来的牛羊，以及正准备上架的鸡，以及烟囱里升起的炊烟，以及一个叫作章娃的疯跑野奔的孩子，也都宝石似的色彩斑斓了。这时往往就有粉红脸颊的母亲出来喊章娃吃饭了。那时母亲还年轻，她脸上的汗珠如滚动在花瓣之上，连声音都带着落日的色彩花瓣的香味。章娃问："吃什么？"她说："黄米捞饭。"章娃说："我还不饿！""这碎鬼！"母亲急了。但章娃一转头就跑了，落日照耀下，如一点飞飘的火苗。这碎鬼常常耍得忘了一切，所以他当时从未留意过那夕照是怎么在倏忽间就从山头沉落下去的。但夕照也在不管不顾地沉落。所以当母亲回过头来再喊他的时候，他哪里再是火苗，他随着落日的沉没，已经变成一个熄灭了的火柴头了，或者如一粒黑芝麻。而这时候要是看看对面的蓝天下，却依然是夕照半山。

及我年长，及章娃郑重打出了刘成章的旗号，因为叶帅的一首诗，凡是老年人的组织或活动，几乎统统名之曰"夕阳红"了。家乡的老人们也分明喜欢这个称谓。我邻家的一个大婶是夕阳红的积极分子，常常去参加活动，跳舞呀，唱歌呀，扭秧歌呀，喜气洋洋。而她们的活动大多安排在晚饭之后，而晚饭之后正是红日沉落的时候，真是无意中的美丽契合。一日我回到家里，问邻家大婶哪里去了，大婶的老伴多少有些不满地回答："还能到哪里去？连饭碗也没洗，就夕阳红去了！"老人的一句话逗得我几乎笑出声来。我由不得抬头望了一眼搭山的落日，想，夕阳呀，夕阳呀，你庄严神圣的色彩上，居然又被我们的老乡添上了幽默诙谐的一笔，这一笔何其精彩！

落日装饰着人，人又丰盈着落日。

那天呼吸着美国太平洋港湾的清新空气，正在观看着一天也离不了的中文电视，忽然又看见我们陕北的落日了。看见陕北的落日有如我血管里通上了电流我眼里冒出了火花，而更让火花飞溅的是上面的演唱的音乐作品，居然是由我作词的信天游歌曲《圪梁梁》，歌子是由被称作声乐女王的歌星范琳琳演唱的。范琳琳唱到最后一句了："快快来到这圪梁梁上砍上两摞摞柴，咱二人一人一摞背回来。"当我听到这里的时候，我发现那里竟含蕴着我不曾意识到的东西。那含蕴着的东西，断然不是别的任何什么，而是落日，世界上最美丽的落日，信天游萦绕着的落日。落日在落，在落，在落。大地在应和着范琳琳的歌声，微微颤动。落日照红重重山，山山有草草色红。落日照红重重山，山山有石石色红。落日照红重重山，山山有人人也红。山山有如出生在这里的花木兰和蓝花花，此刻里，她们就像信天游曾经描绘过的一个女子的打扮了啊，她们悉是红袄红裤红头绳。

啊，家乡的落日！

那落日不断变幻着，不断变幻有如魔术师的绝世表演，千般模样，万种容颜。它照耀着也变幻着下山的牛，照耀着也变幻着下山的羊，照耀着也变幻着含情脉脉背柴下山的三哥哥和二妹妹，而牛是一片万花筒般的碎霞，羊是一片万花筒般的碎霞，三哥哥和二妹妹也是一片和另一片万花筒般的碎霞。每一片碎霞都如翻飞蝴蝶乱纷纷。而与此景象隔着浩渺大洋的我，应是一首诞生于黄土坡洼上的信天游，应是一首曾经飘飞在陕北千山万壑间的信天游，应是一首云游在外的白了鬓发的信天游。云游途中，霜雪洒头途中，我曾被许多洋山洋水中的落日照过。音调里虽然有几分骄傲，却也难掩道不尽的苦涩和痛楚。浮云游子意，落日故人情。现在我实在想神游万里，赶着去看家乡的落日。我深知那落日的脚步是迅忽的，稍纵即逝的，到了那里，我必须用我作为信天游的全部的歌词和旋律，我必须以更强的力度，高高飞起；不要慢节奏，不要一个下滑音，不要一个休止符，不要一句低旋慢绕，而是快速地，风风火火地，来一个一连串的翻升翻升翻升，高八度的翻升，翻升到蓝天上更高更高的地方，以浑浊的潮湿的目光，追看那朴拙苍凉而艳红的家乡落日。

当我又看到家乡落日的时候，我忽然一惊，我忽然听到了母亲的声音。我忽然意识到：母亲，母亲，我的母亲我的亲娘，你就是这轮落日这轮落日。可是母亲！原谅孩儿吧，原谅你的不孝之子，不孝之子晚回来一步，你已经落去了！你已经深深地埋在黄土之中，你过得好不寂寞！好不凄楚！但我看见你的光芒已把黄土烧透，你的坟头已开了一簇红艳艳的花朵。我知道母亲，我的朝思夜梦的母亲我的太阳，我知道你总有一天会重新升起来的，只是你一辈子操劳不息，你实在太累了，你现在也应该歇息歇息，在歇息中重新积攒你的光芒，然后有一天重新出现在我的眼前，照耀温暖我的周身。母亲母亲，母亲啊！我是唱给你的一首其声哀哀的信天游，面对你，我是一首永世也唱不完的信天游啊，我将在你的坟头边飞旋飞旋飞旋飞旋，只要你不重新升起，我就声声迸血，八百年不绝。

走在林中

我身披森林的浓荫，持杖而行。

这是一片混交林，树的种类很多，有好些我都不曾见过，更叫不出它们的名字。数不清的大树巍巍峨峨，走在它们的下面，恍若走在纽约或者香港，走在摩天楼群的下面。树们各有各的姿态，各有各的风韵。它们叶片的形状不同，枝丫的长法不同，而树干的颜色、斑纹和质地，也和叶片和枝丫似的千变万化。穿行在这各色树木之间，同样像走在纽约或者香港的街上，看不完那橱窗中陈列的琳琅满目，当然，更像看不完纽约或者香港街头的杂沓脚步载着的缤纷衣着。巨蟒似的藤萝，有的在地面勾连牵扯如进行着一场难分难解的缠斗，有的沿着树干攀缘直上，以至高出巨树一头，大有得意之色。作为地面上弱小族裔的绿色苔藓，也不示弱，一直延伸到树干上一人多高的地方。不时见到一些不知什么年月倒下的大树，它们虽然倒下了，死了，却不失当年的威风八面，好像只要一声召唤，它们就会唰地一下躬身站起来，在天际间重展生动鲜活气壮山河的雄姿！

这时候，我忽然觉得一个伟大词人在什么地方吟诵着了。那伟大词人是谁呢？哦，我看见了，在远方，在高处，在成吉思汗的铁骑之前，在北宋后的南宋。在那儿，在鹧鸪声里，浮现着词人辛弃疾的放浪形象：

昨夜松边醉倒，

问松我醉何如？

只疑松动要来扶，

以手推松曰：去！

　　"去"字将我引入刹那梦中，而转脸看时，眼前却是现实的松，它摇着。我愿意相信它就是当年那棵松。我愿意相信是辛老具有美学意义的有力一推，使它一直摇晃到今天。

　　因为借力于辛老，我眼前的森林陡地就如多年来累积在我心头的人物和戏文了。不是吗？有一棵树，蓝花朵朵，如穿绿底蓝花衣衫的妙龄女子，它含情脉脉，又不胜娇羞；有一棵树，躬着腰，双手垂着，就像在上司面前，一副谦卑之态；有一棵树，它的一股很大的枝柯断了，如一个断臂壮士，露出了白森森的骨茬，却连痛都不喊一声；有一棵树，看它那以手遮阳的模样，我想叫它孙猴子树，它周围的小树或蹲，或站，或躺，或踞，或趴，活脱脱是一群小毛猴儿。

　　但我更多的是感到，我大概是走进一部童话型的特大汉语词典的某几页了，满眼的木字旁，令人眼花缭乱。有挺拔的木字旁，有粗壮的木字旁，有歪斜的木字旁，有流碧的木字旁，有缠绕着藤条的木字旁和开着花散发着芳香的木字旁。木字旁和它右侧的部分，组成了多少有用之材，例如松，例如桦，例如槐，例如柏，例如栎，例如枸，例如桤，例如榆，等等，等等，它们都是森林中的好弟兄。我绊绊磕磕地边走边看——啊，木字旁和木字旁并立着，木字旁和木字旁交叠着，木字旁和木字旁竞着高。我停下脚步细细观看——木字旁中涌动着生命的汁液，木字旁上落着歌唱的小鸟，木字旁覆着粗糙的皮，顶着浓浓的荫，并且有叶片作舞般的飘落。我平着望过去，木字旁繁成生命之墙，无法望穿。我仰视，几十米的高空，是它们交错成的威武的绿色拱顶，其间只露着片片点点角角丝丝的蓝天白云。

我持杖而行。持杖是因为我已经上了一把年纪，腿脚又有些毛病。我的手杖的底端，不断敲击于林间草丛。近朱者赤，近墨者黑，它近草，因而成了一坨美丽的碧玉。我端起手杖细细端详，它浸透着森林的湿润和芬芳，就像它也会立即发芽立即获得生命一样。是屈子说过的吗？"灵之来兮如云"？是的，灵来了，它如云飘然而至，飘入我的手杖。我的手杖当然储满了灵性、灵光和灵气。它整个儿的那么令人可心令人觉得可以信赖。哦，多好的手杖！像女儿一样扶我前行的手杖！但我又猛然意识到，不仅如此！这手杖还含有更为美好的东西哩哪！它，难道不是从某部灿烂经典中掉落下来的吗？难道不是一个绝好的木字旁么？那么，紧靠着木字旁，难道不是代表着我的肉体和精神的符号，我的名字吗？我于是就觉得我是一棵极好的树了。我是一棵令一切蛀虫们退避三舍的樟树。我高兴地扭头看去，一棵高大的杨树树干上，有一块结疤如一只眼睛欲睁欲眨。我就对它说："杨树的眼睛啊，你就大大方方地睁开来吧！你看我的头上虽然覆了日暮之雪，脸上虽然老沟纵横，但我，一棵刚刚变成的樟树，却因为有了些许用处有了几分自豪而走得气宇轩昂！你看我！"

小洋槐

仿佛过春节的时候，看见叔叔伯伯们都在燃放爆竹，爆竹声噼里啪啦，传遍东南西北。看着看着，它眼热了，心动了，忍不住了，多么急切地希望这世界上也能够有自己的声音，于是，歪歪趔趔地跑上前去，伸出它的白胖胖的小手，也点响了一串鞭炮。

我说的是一株小洋槐。小洋槐，开了一串鞭炮声似的花儿。

展眼望去，别的洋槐都很高大。它们的树干都有一搂粗，斜枝横杈互相交织着，纠挂着，上面是层层密密的绿叶和重重叠叠的花串。有的树根裸露在顽石间，更显示了它们的有力和强悍。风吹来，它们的枝叶就像大海的波涛翻滚；如果走进林子里去，就像遮天夜幕降临，到处黑黝黝的。而这株小洋槐，实在是够小的了，够纤弱的了：树干不足一米高，筷子般粗细，赤条条的，上面还没生出一条枝杈，只挑着稀稀落落的几片叶子。可是，它却是十分好强的，当别的洋槐开花的时候，它居然也开了花儿！

显然，小洋槐是使尽了全身的力气，才开出这花儿的。

别的洋槐都有悲壮的经历，不屈的性格。雷电，轰击过它们；狂风，撕扯过它们；暴雨，抽打过它们。至今还可以看见，它们的身上伤痕累累，疤迹斑斑。有的粗壮的枝条不知在什么年月已被折断，枯死了，却依然悬在树上。但是，它们却不曾倒下，反而以虽然衰老却越发顽强的精神，挺立在山河之上，蓝天之下。而这株小洋槐，压根儿不知世间还有什么磨难，它的心灵明净得就像一颗露珠。但是，它们都开了花儿，尽管那花儿的数量悬殊是那么巨大。

要说少，小洋槐的花儿真够少了，只有可怜兮兮的一串。不过，这一串花儿硬抵上一个神奇的砝码，使天平的那边立时失去了分量——人们纷纷把目光调离别的洋槐树，而一律投向这里，议论说：花串上有花儿，还有待放的苞儿。说：花儿通体雪白，苞儿是些小角角，底部淡绿，上端才泛了白色。说：这花儿多可爱，啧啧！

游人走远之后，其中一人忍不住回过头来，只见一只小鸟落在小洋槐上，小洋槐被压弯了腰，抖动着，抖动着，像是要折了的模样，但是，最终还是挺住了。

它站得笔直。

小鸟在唱歌。

威严火山

　　这儿的每一块石头、每一片土都有不凡的经历。它们有的喷射过，有的飞翔过，有的如浪涛一样翻卷过、奔流过。它们都曾猛烈地燃烧过，它们都曾发出过巨响，它们都曾闪耀出过最灿烂、最绚丽的光辉。

　　这儿有一个气韵生动的名字：夏威夷。

　　夏威夷是太平洋中心的一簇绵延一千五百二十三英里的明珠似的大岛小屿。现在仍然可以看见它的与世殊异。

　　一座山，整个地像爬满了鳖和乌龟，鳖盖和龟甲在正午的阳光下闪着黑色的光亮。那些大大小小的鳖和乌龟，大的如一间屋子，小的如一个巴掌。那是成万成亿的鳖和乌龟，挤挤挨挨，相互叠压，不知它们该怎么呼吸怎么行动。那是从高高的山畔上奔涌下来的鳖和乌龟，那黑黝黝的山畔绵延上千米，那黑压压一片的鳖和乌龟，就摆开着绵延上千米的庞大阵势，一齐奔涌下来，无休无尽，那是一幅多么浩阔的图景！

　　那是火变的乌龟，那是火变的鳖，火曾是它们爬动的身躯爬动的形象爬动的漫山烂红。它们的同行者明显还有海豚、海鱼，还有巨蟹和巨蛙，还明显有蟒，不过海豚、海鱼、巨蟹、巨蛙和蟒们也都是火变的，它们也曾经是浑身的光焰浑身的高温千度使万物为之战栗。离地三尺有神灵，神灵常过往，神灵应该见过应该记得，那些当年呼啸而下的东西也许其实并不是龟，并不是鳖，并不是海豚、海鱼、巨蟹、巨蛙和大小的蟒蛇，它们应该是隆隆作响的大明大灭的雷霆和闪电，其气势可怖、气势逼人、气势排山倒海，那永难磨灭的气势。当它们以火的凶悍、火的威力劈顶压下来的时候，树木被悉数摧毁山石被悉数摧毁，一只只被烧着了翅膀的飞鸟四处飞逃，而四处的山精石怪都是一片鬼哭狼嚎，到处冒着烟，到处是触目惊心的死寂，到处是满目枯焦，从此寸草不生。

经过一个月，两个月，或者三个月四个月，火的温度终于降低下来，火的光焰终于黯淡下来，火的乌龟火的鳖火的海豚海鱼巨蟹巨蛙和大小的蟒蛇，终于也降着温度并且由原先的通体之红，而黑红相间，而黑多红少，而成了一片煤炭似的黑色面目，但它们仍然是有灵性的黑色煤炭，是黑色的乌龟、黑色的鳖和黑色的海豚海鱼巨蟹巨蛙和大小的蟒蛇，它们还在慢慢爬动。它们在夏威夷的美丽蓝天和美丽白云的映射下，黑得触目惊心，黑得诡诡异异黑得奇奇幻幻，那是黑黑的传说似的现实现实的黑。那黑，厚重而又灵动，沉稳而又活泼，如同有风有月的黑夜之黑，并且有摇曳的灯光在那黑夜之中闪烁，它们是黑色的歌曲、黑色的抒情慢板。但它们如黑的活的有韧性的生命，它们终于爬到大海里去了。大海里早有它们的先驱，先驱们早已在那儿堆成一道坡，它们就从那坡上爬下。它们引得水族们不断前来观看，水族们面对它们上瞅瞅下瞅瞅，但发现它们并不是真的自己的同类，它们只是形似或者神似，末了只好苦笑，摇头，说：现在这个世道啊，造假都造到这儿来了！

这大概是黑色幽默的起源。

这就是当年的景象。

更早呢？

更早，太平洋是一块天大的玻璃，大约五百万年之前，这里也是那玻璃的一部分。但是从那时起到五十万年之前，这玻璃的这部分便不断爆裂，不断冲出千丈万丈的火焰，那当然是火山的壮丽爆发，于是，硬是在那太平洋的洋底，轰隆隆崛起众多大山，那便是你好岛的诞生，夏威夷岛的诞生，毛伊岛的诞生，也是卡胡拉韦岛、拉奈岛、莫洛凯岛、瓦胡岛、考爱岛、尼豪岛的纷纷诞生。

而五十万年之后一直到今天，这儿的火山还在不住爆发，如同节日的焰火。

每一次火山的爆发都会从那地球的熔铁炉里喷出气体、液体、固体，但最终都以固体的形式保留下来，那就是火山石和火山灰。火山石都含着密密的气孔，用手掂掂，轻得有点儿不像石，而像柳木、杨木或黑色的塑料。因而那路两边一望无际的黑，有时候让人感到它们是落在地面的一片片黑云。想那黑云间是曾经划过闪电的，响过雷声的。那是曾经吓死人的黑云。黑黑黑云，重重黑云，厚厚黑云，脾气暴躁气宇轩昂威风八面黑极一时的黑得不能再黑的起明发亮的黑云呐黑云。但它们是落地的黑云，但它们依然有着黑云的韵律黑云的姿态，黑云的滚滚滔滔。但它们也像黑夜的凝固了的江海大波，不再奔腾了，不再翻卷了，却留下了猛烈的运动模样运动态势。你看它黑黑的波峰高高，黑黑的波谷深深，黑黑的都带着吼声啸声，都携着阵阵凌厉的风。但是它们现在的确早已凝固了，只成了一个休止符，一个沉寂了的声音，或者是一个滚滚大波的模型。但是在这模型上，有的大波已碎裂了，有了大大小小的裂缝裂口和裂片，一副伤感的模样，不能再复原了。但是它们有着骄傲的记忆，它们记得它们曾经气吞万里如虎，如辛弃疾的当年。但风流总被风吹雨打去，那历史的风雨，至今还在频频斜扫横吹。于是它们有的变成如犁铧翻起的黑黑的土壤，有的变成如什么人倾倒在那里的一摊煤渣；紧连着这些"土壤"和"煤碴"，也有些黑色平原、黑色丘陵和黑色隧道。而在这一切的底下，是被长期深埋而又最终裸露出来的黑色的不规则的方块巨石，一如这些方块字：焱焱鑫鑫赑赑叠叠磊磊垒垒晶晶。我们的汽车就在这黑色的焱焱鑫鑫赑赑叠叠磊磊垒垒晶晶的夹峙中如豹在踪跃。

如豹踪跃又如豹躺卧下来。我们在豹的身边远看环视而又蹲下，我们细看细品。我们除了感受到当年那岩浆奔涌的排山倒海摧枯拉朽的惊天动地的气势之外，也感受到了在那奔腾岩浆成了强弩之末的时候，它们似乎为了完成一个神圣的使命，还在做最后努力最后的挣扎的那份悲壮和悲情。那时候，它们像灰烬似的却还想重新腾起火焰，它们像枯泉似的却还想重新冒出水滴，但我似乎在此听到它们徒劳的绝望呜咽。它们的生命最后成了一条胳膊粗的麻绳，那麻绳在顽强拧转；它们的生命最后成了一条雪后的巨型蚯蚓，那蚯蚓坚韧地爬着却最后还是逐渐停止了呼吸。它们的这一刻，全被造化生动地记录下来了，形成了密实绝美的地质图案，图案鬼斧神工。有的图案上，还残留着些许的淡红色，那应是顽强拼争的颜色，让人想起它曾经的宝石般的灿烂红光，它至死也未完全改色。

黑黝黝的一架山，只有一两株白色的断树，它们是已无生命迹象的幸存者。海风中，它们似在诉说着当年的恐怖和惨烈。虽然这死寂的天地里已经长出了一些草和花，这儿一星，那儿一点，歌唱着生命的不屈不挠；但严峻冷酷的事实是，大劫之后，山上原来的生物已经灭绝了。

但其实，在很长很长的悠悠岁月，数百万年吧，数十万年吧，或者再短一些，十万年，八万年，这些岛上曾经是根本没有任何生命的。后来风暴刮来了昆虫和草籽。后来波利西尼亚人来了，带来了狗、猪和鸡，那是一千年前；在更后来的日出日落里，一位勇敢的船长来了，岛上便不止那三种动物了；再往后，几乎在一夜之间，华人来了，日本人来了，东南亚人来了，欧洲人来了，带来了种种植物和动物，于是扎根的扎根，产仔的产仔，到处是生命的喜悦生命的歌舞，当然也有生命的偶然争吵。但是，这儿至今没有蛇，没有蚊子，山野里也没有野兽。虽然地火总在脚下奔突，也不时会突然冒出又凌空砸下和倾倒下滚烫的石头和火山灰，然而不久，这儿又是一片最安全最洁净最自在的土地。

在这些岛屿上，我们在草丛、林间，甚至的酒店的门前，也都看到了留存着涌动形象的火山石。水中黑黑的火山石间有螃蟹爬动，但生命太神奇了，那螃蟹为了自我保护，居然演化成了纯黑色，我为此叹喟良久。

但是有的岛屿已全无火山喷发的痕迹了，了无痕迹，遍地碧绿。花朵在风中摇曳。房舍漂亮，道路宽畅，牛马在静静地吃草，仿佛这儿不曾发生过任何事情。完全是一派原汁原味、和谐安详的大自然的模样。不过我们心里知道，这儿是曾经堆积过厚厚的火山灰的，因而这儿的土壤异常肥沃。加上地处热带，雨量充沛，所以这儿完全成了一座最繁茂的热带植物园了——乔木、灌木，大大小小的树，荆棘，野草，藤萝，大叶小叶阔叶，各种形状和色彩的花，都长得生机勃勃，万千草木竞自由。有的长长厚厚的叶片，被当地人编成了漂亮的帽箍，邮轮公司给每个男性旅客都发了一顶，戴在我和小孙儿岸笛的头上，由我们尽情显摆和招摇。而说到显摆和招摇，我爷孙与花儿相比，又显得黯然失色相形见绌了。花儿们仿佛常常跟着你跑，撵着你走，你走到哪儿它们就先行赶到了哪儿了。因而有人伴嗔：不胜其扰！有时你走到牲畜啃噬过的绿草滩里，看见一片高高低低的草茎草根，你怀着表面庆幸而实质惋惜的心情，以为这下肯定无花了，无花之扰了，但是且慢，一个不留神，或黄或红或紫或泛青的蓝，花儿就会撞碎你的视线。而刚安静了一下，转过一个无花的弯儿，猛一抬头，一大片红艳艳的花儿却扯着藤蔓攀上你头顶的万丈树梢，一副调皮的姿态，似在咯咯地笑。

但我们顾不上多看。想起有人告诉我们，头天夜间，我们邮轮经过一座山，远远地，看见一条红线从山上蜿蜒而下，那是令人新奇惊喜的流动的岩浆。遗憾得很，其时我们正在熟睡。我们亟欲一睹火山口。

跑了好多岛，大部分岛上的火山口都像一个圆底的巨盆，盆底和盆壁，都是土，石和草。在它们的底下，地表深处，地壳板块已将那个可怕的洞穴封死了。它们死了，成了死的火山。但我们终于攀上那座流着岩浆的活火山了。它喷发过还不足一个月。它距海平面一万尺，空气稀薄却十分新鲜。山坡上尽是斗大的巨石和火山灰。有的地方也有经风雨诗化出的土壤，那近处的土壤是咖啡色的，远处的则是泛着蓝的咖啡色，颤着两色交响的音色音调，加上云气缭绕氤氲弥漫，其音迷迷离离，如梦如幻。

还没到火山口，已看到好多地方的地缝在冒气了。你站到那气的跟前，好像它和一般气是一样的，但是一当风将那气吹向你，你就会感到那气里有一股灼热的逼人的冲击力，使你断难停留，赶紧跑开。你马上会意识到那是太岁身上冒出的汗气。

我们在那儿参观了一个火山展览馆，我在那儿看见了火山爆发的种种图片和屏幕演示。红哈哈大如排球场的火山口，火在喷起，焰在喷起，石头在喷起，一喷就是千米高，漫天岩浆飞溅，隆隆的咆哮和巨响。一些勇敢的摄影者的黑黑的剪影就显示在那一片血色之中。我在一个展厨前看到一个摄影师的衣服，那多袋的上衣被烧得尽是窟窿，那裤子已成了碎碎的布片。衣服旁是一把登山锤，木柄虽然基本完好，但铁的锤头已熔化了，如一滩岩浆。

世界上总有一些不甘平庸的人。面对九死一生的可怕险境，世界上总有一些敢于发起挑战的人。我在这个展橱前，似乎看见了他们从容的面容，听到了他们均匀平稳的心跳。我不由向这个也许死了也许还活着的摄影师默默致敬。

我们终于走近这座活的火山口了。广袤的天宇下，野草摇摆的咖啡色的山塬上，没有鸟影，没有兽踪，火山口静静地冒着袅袅白烟。它离我们不太远也不算很近，被绳索拦着，我们不可以走上前去，我们不能越雷池一步。它像一只小寐着的猛兽，随时都会一跃而起，血盆大口龇着獠牙，它透着威吓和威慑。它神秘莫测，它令人敬畏。面对它，我下意识地屏着呼吸。我感觉到了它的威严和不可冒犯。

终于多少总算平静点了。终于可以心情比较平和地观看那火山口了。由于是平视过去，我们看见的是一个冒烟的椭圆，那里曾在沸腾，那里曾在爆炸，那里曾是长啸怒吼。那里曾有一条火龙腾空而起，喷洒着漫天的流星大雨，引得全世界为之震惊占据了全世界各大报纸的醒目版面。那里是一个神秘的滚烫的深深洞穴，而洞穴口，似还有物，卧在那里，影影绰绰，让人望而生畏。但它现在沉默了，并且好像睡着了，只胸膛起伏着，鼻腔里有着呼吸。那白烟就是它呼出的带着体温的热气吧那袅袅白烟。但它似睡似醒。它处于似睡非睡的状态。它有时还动动耳朵动动蹄爪。它随时都可能抬起头，睁圆一双寒森森的眼睛。那是一双寒光流转的眼睛、瘆人的眼睛，你绝没有勇气正视它那眼睛。现在它虽然睡着觉闭着眼，但它那形象也绝对是一尊威严，一尊暴戾和一尊可怖。因之望着它，你不能不小心翼翼，如履薄冰，如惊鸿不敢放稳双翅。

但这儿的风景其实是很美的，只能用美得惊人来形容。椭圆是风景中的椭圆。椭圆是风景中的风景，椭圆是景中景，是景的核心景的灵魂景的最亮丽的看点那椭圆。拱围着椭圆，是一片咖啡色的开阔地；托扶着椭圆，是远处的、山下的一朵朵一层层的白云。那椭圆那火山口就像是一件刚出土的珍贵文物了，像一件珍贵文物似的需要小心地摆放在玻璃的展橱里小心地加以呵护，所以还需要小心地衬垫起来。衬垫它的，第一层是山体，是山体的坚实基座；第二层是咖啡色的土壤，是咖啡色的天鹅绒；第三层是这一朵朵一层层的白云，是白云的绫罗。站在它的前面，人人都好像是一位很有学问的考古专家。空气中有凉冰冰的水滴和甜甜的味道，每吸一口都教人沉醉老半天，它仿佛提醒着人们，这可不是一般的地方呐，这可是太虚中的博物馆呐，哎，走路可得轻点！

我们围绕着火山口拍照。我们飘飘欲仙，我想神仙应该就在这附近，我想神仙们是刚刚用过午膳的吧，我想这火山口就是仙界厨房灶台上的坐锅口。我想现在，神仙们的那口锅已经不知端到哪里洗涮去了，我们只能听见微微的响动，那响动宛如远处海面上的一片波浪的隐约闪烁，我想神仙们的液化燃料正在我们脚下缓缓涌动，而一旦神仙们要摆出一桌盛宴的时候，不用说，那又是一天的灿烂焰火。

看看那云彩吧，看看

一踏出飞机的舱门，我的眼眸不由一亮，不是因为别的，而是因为我被夏威夷蓝天上新雪似的白云震撼了，于是我心泉上便咕嘟嘟冒出一句十分惊喜的话来：久违了，这么白、这么美丽的云彩！

但我立即觉得，这话并不确切。我自己久违了的云彩也没有这么令人神往。我对云彩的美好记忆是在童年，而我的童年是在黄土高原上度过的。那儿属于一块被风雨剥蚀了亿万斯年的古大陆的腹地，老镢头总在那儿繁密地起起落落，植被稀寥，时起黄风。这儿呢，位于蓝色的浩瀚无垠的太平洋的中心，而它的环境又基本保持了原始模样，空气异常新鲜异常干净。正确地说，我是从来没有见过这么白、这么美丽的云彩啊，看看那云彩！

看着它，我一时竟激动得涌出泪花。

那是因为还有一个特殊的原因。

那就是，现在，2013年年初，在大洋的西岸，在生我养我的我亲爱的祖国的土地上，正经受着空前的雾霾之苦。我每天都在关注着这一情况。我从电视上看到，北京、天津、石家庄、西安等许多地方，一个月中的大部分时日竟悉被雾霾笼罩着，大白天居然就像黑夜，到处黑乎乎一片，脸上捂着大口罩的人们就晃动在那黑色之中，只有汽车的灯游移着微弱的红光。虽然置身海外，看着那情景，我感同身受，我简直有点儿透不过气来。我的呼吸都好像变成黑了呐，我难以放下割不断的牵挂。

而现在，我的目光忽然间接触到那么一天白亮亮的云彩，这种反差实在教我感慨万端。哦，看看那云彩吧，看看！

看看那云彩，哪一朵没有刚绽开的马蹄莲的色感质感？哪一朵不像刚刚穿在公主身上的婚纱？哪一朵不是白得不可思议？我同时发现我和周围的一切悉无阻隔，因为我们之间悉是比玻璃还要透明的空气。我生平第一次发现清新的空气居然是有味道的，是甜的，是可以品咂的，咀嚼的；是不光可以吸，是还可以吃的，是可以逗引起舌头上的味蕾们的手舞足蹈的。我下意识地跟着味蕾翕动着自己的嘴巴，贪婪地望着天空。我想让我的胃也分享一点肺的幸福。

到了这儿，我才知道人们常说的什么"纤尘不染"，是带着相当大的夸张成分、骗人成分的。而今天我的眼前，才好像真的出现了这种景象。

这样想时，深储于我心中的另一成语，我们祖先对于人世间的伟大而精妙的概括——滚滚红尘，一瞬间，全然被击得不知所踪。因为这儿虽则也是人世间，却几乎与尘无缘；因为这儿虽也是车来人往，却几乎可以说是超尘的所在。

当然这儿也有"滚滚"，不过滚滚的只是大海扬起的浪花，滚滚的只是吉他弹出的音波，滚滚的只是清风吹动的林梢；还有一个最美丽的滚滚，那就是忽而疾飞的瑰丽白云。当然，白云在大多数时间里，还是安闲地定定地飘浮在天空的，优哉游哉。

你看它，每朵都像是白玉气化而成，每朵都像是冰的骨或雪的魂。

你看它在明丽的阳光照射之下，在广袤浩瀚的蓝天上，有的镶着电镀似的边，有的活似透明的田园和村舍，有的朵朵绽开着，绽开着，就像含苞欲放的白色的芍药还是牡丹，还有的呢，就像是一些白孔雀、白天鹅和白仙鹤的翅羽啊，片片那么优雅和超然。哦，如海蓝天，蓝天如海，如镜蓝天，蓝天如镜，如海如镜的蓝天上，飘飘的映着椰林的白云，闲闲的沐着海风的白云，爽爽的擦着小丘的白云，朗朗的伴着河流的白云，皎皎的爱听吉他的白云，雅雅的吻过草裙的白云，悠悠的望着岩石的白云，翩翩的碰过海轮白云，静静的沾着花香的白云，散散的携着草绿的白云，轻轻的摸过鲸鱼的白云，柔柔的迎着旅人的白云，纯纯的赛过瀑布的白云，悄悄的不露声色的白云，盈盈的悬于半天的白云，亮亮的落在山脚的白云，新新的舞在海上的白云，款款的拭人肌肤的白云，脉脉的常想来路的白云，晶晶的缠着藤萝的白云，妙妙的掩着水貌的白云，曼曼的露出山色的白云，虚虚的铺在大峡谷的白云，幻幻的浮在火山口的白云。我虽然受了点风寒，但我不敢咳嗽不敢打喷嚏，我生怕玷污了它们。哦，看看吧，看看那白云！

不过白云美丽，天也毫不逊色，你再看看那衬托着白云的天——蓝盈盈的天，蓝溶溶的天，蓝晶晶的天，蓝宝石蓝翡翠的天。蓝天因云色更美，白云时刻恋着天，一看蓝天必有云，蓝天上，是诗一样的白云，歌一样的白云，带着浓郁夏威夷果香的白云，托着夏威夷市花红色芙蓉的白云，养人眼眸的白云，沁人心脾的白云，舒展自如自由自在自己的日程由自己做主的白云呐白云。

我静静地思索：这天，怎么才这样好看呢？一首诗，不知又从我的哪个细胞冒出来了："云多天少难空灵，天多云少太冷清；云彩乱堆天臃肿，云天巧配才迷人。"冥冥中一个声音问：这诗真是出于你的细胞吗？你何以有如此深刻的体察？我背倚夏威夷的蓝天白云，只是笑笑。但我可以偷偷地告诉你告诉这声音，这里的一座山曾经偷窥过神，偷窥过神的艺术笔记，我那天攀登过它，拜见过它。不过请你千万不要再告诉别人啦，到此为止，千万。我们现在应言归正传了，看那些夏威夷的云是否符合那首诗的说法。哦看吧看吧，看那些白云正是不多不少错落有致地装饰着蓝天和人寰，那白云。云是幻影，云是幻忽，云是幻流。流过来云，流过去云，流前来云，流后去云，云流流成小溪、大河，流成一片又一片的梦幻，又飘，又游，又走，又冉冉乎上升逸逸然渺散啊这美丽白云，诱人白云，令人爱恋眷恋深恋的这夏威夷的白云。

这夏威夷的白云千朵万朵美有千朵万朵。现在，就让我们不要漫天浏览就专注于那最白最亮的一朵吧。你看它有时候飘浮得遥不可及，就像一只孤傲的连鸣声也难以听到的天边仙鹤，有时候又飘飘飘飘地飘到我们的头顶，又好像发现了我们，就飘向我们，于是就疾速地飘了下来，飘得很低很低，一直低到一百米，五十米，三十米，甚至挨到了我们的头发梢，站到我们的面前，这时候我们已经能感觉到它的体温和呼吸了，已经能听到它的说话声了，可惜它有它的语言，我们没有翻译，我们无法听明白听懂。低到如此程度与人亲和到如此程度，应是夏威夷之云的充满灵性的一绝。不过它不久又离我们而去了，不过我们没有怅然若失，因为我们知道它很快又会回来的，而且，我们转脸看了看，我们的身边现在多了一样东西，那是它赠予我们的一块定情物似的白绸子手帕，一块碎碎的云的纪念，有纪念意义的白得令人感动的云。

这时候，我的心便随那块飞去的云彩飘到唐朝去了。唐诗人崔颢正在高声吟诵："昔人已乘黄鹤去，此地空余黄鹤楼。黄鹤一去不复返，白云千载空悠悠。"在他的眼里，白云只是配角。或者说，他面对白云，竟是眼空无物。他从来没有专门写过白云。这恐怕是由于他的心头，承载着巨石一样的历史和哲学的重负。而现在再回到当代看看，我却有闲适而轻松的心情品味着异域的白云了。我的心魂完全被那美丽的白云所征服了。你看在这次旅行中，无论在船上、车上还是山上，我的目光总是被白云所擒获。而只要被擒获到它的手里，我就总是发觉做这样的俘虏是多么快意的事情，即使不设岗哨，我的心魂和目光都绝不愿偷偷逃离它的。

哦看看吧，看看那么白那么多那么昌盛的白云！哦，看看！我的眼睛和精神享受着这世界上最豪华的纯白大餐。这是我一生品咂鳕鱼片似的白色品咂得最多的时刻。我一边消化还一边望着天上。我的眼里装满了白云的英姿。我的相机里储满了白云的美容。我相信，白云的白，已经从我的眼眸，渗透到我的每一根神经，每一个细胞，我的五脏六腑都冰清玉洁，成了一座水晶般的宫殿了，它亮得容不下一丝污垢了呐我的五脏六腑。

而白云也是一刻也不愿放过我的。它总是诱惑着我，撩拨着我，让我神魂颠倒，心不旁骛。我发现，看起来安闲地定定的飘浮着的白云，其实也是无时无刻不在运动着的。"生命在于运动。"想起这句名言，你不能不觉得白云也是活泼泼的会喊会叫的生命。雷声就是它的喊叫声吧，它有时隆隆隆隆。不过它平时不愿多喊叫罢了。不过它从不安静，它总是在瞬息万变。它往往一分钟就会变出几个样子。它此刻是一座玲珑剔透的冰山，山上有琼楼玉阁，下一刻呢，这座冰山就变成无数透明的小丘，小丘间有流水潺潺；有时候又变成一片有颜有色的森林，森林里众鸟鸣啭，还有疑似俄罗斯的老妪弯腰捡拾着硕大的蘑菇。因而我想，白云是一幅幅正在创作着的既古老又新潮的惊世画卷。我这些年正沉迷于水墨画的创作，于是我便想到，这白云应是白色的水墨，它也像黑色的水墨一样奇妙渗化，变幻万千，但是黑色的水墨是画在白色的宣纸上的，而这白色的水墨却不能；它只能画在蓝天上，它天生是应画在蓝天上的，只有蓝天才能使它绝美的艺术得以呈现。而画它者呢，是谁？是哪位水墨丹青高手？是米芾吗？是石涛吗？是徐渭吗？是齐白石吗？是张大千吗？徐悲鸿吗？石鲁吗？黄胄吗？李可染吗？吴冠中吗？不！他们毕其一生，也只是在黑色水墨里施展着才华。现在纵使他们一个个列队再世，也断难以这白色的水墨大显身手。地有五洲，天有九重，哪里都有它自己的画家，别人绝难替代。因而白色的水墨画大师，当然应是出自天国的艺术界了，应是仙人画家，仙女画家。

黑色水墨画是中国的骄傲，白色水墨画是天国的骄傲。与黑色水墨画的墨分五色相对应，白色水墨画之白亦可分为五色。你看那云吧你看那白，你看它们虽然看起来都是白，但那白，有明，有暗，有重，有淡，有清。但其实它们那气韵纷纭的变化，何止五色可以概括。它有时候如同新雪，有时候如同残冰，有时候如同树荫里的白菊，有时候如同清晨里的白鸽，有时候洒洒脱脱如桦树的枝干，有时候苍苍劲劲如白马的鬃毛，有时候空空灵灵，有时候沉沉稳稳，有时候白得发亮，有时候只是一些淡白的影子，有时候虽浓却浓得有神，有时候又有一种幻化后的通透感，通透处往往是一座蓝的村庄，一头蓝的牛，或者是一口蓝的倒悬的深深水井、水井深深，井底泛着涟漪，仿佛还能照见我们的晃动的面影。当然还会通透出一片又一片的蓝的世界，蓝的世里有时隐时现的琼楼玉宇、仙袂飘飘和蓝的缥缈的阵阵仙乐。

我们所喜欢聚焦的当然主要还是白云的白了，白得不能再白的白，朵朵的白，相随相伴相缭相绕又相不混淆相距时远时近的白，时而浪漫时而拙朴的白，有时竟似玉的坚硬，有时却又如羊绒的蓬松，啊那白，那明明白白清清楚楚豁豁朗朗的白。那是彼一秒不同于此一秒的白，白得千变万化，繁复无穷，绝色无穷。我不知那仙人画家、仙女画家是怎么调笔的，我不知他们那笔锋、笔肚和笔根，哪里是水？哪里是色？水几何？色多少？哪里水色哗笑着相触相融，战栗起来，欢呼起来，并且载歌载舞，孕育着数不尽的妙趣奇趣？我不知他们是怎么运笔的，我不知他们的笔是怎么将种种诗意变现在蓝天上的，是用了侧锋？逆锋？还是皴擦？反正他们笔笔炉火纯青，反正他们笔笔出神入化。他们画出的当然是天国的一流好风景了。在那好风景中，当然饱含着他们的喜怒哀乐，饱含着他们的丰盈丰富的浩荡心情。

白水墨之画，山水迷人，花鸟也不俗。恐怕最打眼的应是那些花了，白梅，白菊，白樱，白牡丹，它们的层层花瓣舒展开来，仿佛能闻得见阵阵清香。而不时来往的点点飞机，应是太虚的蜜蜂，发出嗡嗡的叫声。

那天登上了海拔万尺的高高山巅，我看到了更多更美的白云，更多更美的仙家的画卷。那真是一派仙境风光。满眼是云是画，分不清云在画里，还是画在云中。这回仙家大概用的是大泼墨的技法了，不，应是大泼白的技法，只见一朵一朵水汪汪的白翻滚着，汹涌着，并且变幻无穷地流淌渗化开去，一直流淌渗化到天的尽头，海的边缘。哦，看看那些充盈着穹隆的画吧云彩吧，看看！你看它们千层万层，明明暗暗，强强弱弱，层次何等鲜明，光影何等迷人！而当我们的汽车行进在返回的路上的时候，眼前的白云却变成了灰的颜色了，不过灰也灰得纯正，干净，和谐，一层，一层，层层深浅浓淡不一，如一种鸟儿的羽毛，看起来舒心极了。最是车近下榻之处，让人兴奋得不可自抑。那时候随着太阳的西沉，眼前的白云灰云都不复存在，眼前有的只是漫天的火烧云了，烧得轰轰烈烈，绚烂无比。我知道这漫天的火漫天的烧漫天的炙人光焰，也是由那些飘游不绝的白云变来的，白云的白幻化为千色万彩，那是色彩的极致。哦，看看那云彩吧，看看！

河

　　女儿曾在加拿大打电话对我说，她们所住的地方温莎，是一座边境小城，城边流淌着一条河，很美。我听了这种情况的时候，心头唰地一亮。要知道，那亮，是掺着河水的叮叮咚咚的响声的，是透着河水的沁人肺腑的清凉的。河使我欢愉无比。主要是冲着那河，我对温莎产生了一种强烈的向往之情。

　　尽管如此，到了温莎一看，还是让我喜出望外。温莎不是一座小城吗？小城的河难道不应是小的吗？可是，流淌在温莎城边的河，居然没有任何小的意思，而完全是一派磅礴和巨大。它滚滚滔滔，波起浪涌。它浩浩渺渺，深邃宽阔。白色的海鸥在它的上空飞翔，游弋的鱼儿在它的河心跳跃。时不时，有快艇射过，巨轮往来。快艇掀开的一圈一圈的大波，涨潮似的一层层涌来，一直涌到人们的眼前。巨轮相遇时，笛鸣声声，而其声或浑厚，或轻快，或低沉，或嘹亮，如健壮水手似的发出不同的嗓音，互致敬意。

　　河对岸是美国的底特律，是底特律的夺目楼群，楼群巍峨壮丽。它白天已然那么好看，到了暮色突降华灯乍现，那整个的建筑就像宝石的叠撂，分分寸寸都嘶喊着辉煌辉煌辉煌。河这边沿着堤岸是一个公园，雕塑座座，长椅处处，翠生生的绿地中蜿蜒着弯弯曲曲的黑亮的小路，小路上常常飞转着欢乐忘情的排排小轮。轮上连着啥？鞋。鞋中有何物？脚。脚上呢？是腿，是身，是汗气飘浮势如奔鹿竞滑旱冰的青年男女。也有戴了遮阳帽的垂钓者，总见他们默立于岸边，如一棵远离风儿鸟儿的树。人们散步的时候，常常会情不自禁地凑到他们跟前。于是，钓者身边的一切，便进入他们的眼眸了——几根细细的渔竿固定在河边的栏杆上；阳光沐着渔竿；渔竿上是闲淡的、不动声色的铃儿。但有时候铃儿就疾响了，便会看见一根渔竿扯着长长的线儿，那线儿被扯起扯起，不用问，接下来出现的定是，渔竿弯了弯，而线儿的末端，有一种活泼的生命突然感到了挣脱不了的羁绊和疼痛，于是大呼上当，于是拼命挣扎，扑腾，扑腾成一朵耀眼的白花。那当然是钓者欢笑的时刻。

和人们做伴的，有海鸥。海鸥常常从河心飞来，恍若一片洁白的云朵，轻轻地落在人们的脚前腿后。

还有一种不知其名的红色鸟。这红色鸟比麻雀大，比鸽子略小些，飞来的时候，动作轻快，翅膀带着爽爽的风。

还有黑的白的成群的野天鹅。它们飞来，落下，就慢悠悠地摇摆着挺拔的身子，一边走一边觅食。它们的队伍像一滩一滩的水，涌动，流淌，间或泛滥。它们不怕人，你即使骑自行车从它们的身边擦过，它们理都不理。其中有的吃饱了的时候，也会把头塞到翅膀下面，悄悄地小寐一阵。有时候却叫，放开嗓子，声震四野。

这岸边如此美丽的河，叫底特律河。

我当然喜欢到这样的地方来了。而我来，极易极易，因为我们的住处离这儿不远，步行只需五六分钟，说来就来了。于是我像溜旱冰的青年男女，像垂钓者，像海鸥、红色鸟和野天鹅，成了这儿的常景。

大概是人同此心吧，还有另外几个华人，也常常来到这里。我们很快结识了。怎能不很快结识呢？他们的年龄和我差不多，而且都有着大陆的背景，都是"探亲族"。我们拉得很快活，我们有说不尽的话儿。这时候，久置不用憋在我们心中的汉语，全都派上用场了！但平时可不是这样。平时，因为生活在英语的世界里，因为我们不懂英语，我们只能当哑巴，现在我们终于发出声了，我们拉得投入而亲切。

庆幸邂逅！不然，我们心中的话语都要发霉了！我们嘴上没明说但我们心里却在互相祝贺祝福祝愿：让思维转动，让嘴巴悬河，让舌头当个竞技场上的运动员吧！啊！朋友！

我每天都要帮着女儿干点儿事情，不过事情也不多。早晨起了床，做点儿简单的早点，然后送小外孙到学校去；下午三点，接小外孙回来；五六点做晚饭；其余时间都归我所用，可以看书，可以写作。当然，到河边走走，也是我每天进行的一项从不或缺的活动。但我发现，到河边的目的，却随着时日的流转，发生了微妙的不曾意想到的变化。起初的目的，完全是为了看看美丽的风景，活动活动身子，散散步；后来，加上了兼顾与华人同胞聊天的内容；再后来，以上两项目的的主次地位居然从根本上更改了，变易了，我去河边的主要目的成了见见我的同胞我的朋友了。我发现我心中积满了这样的渴望。要是一日未见那些华人朋友，就有些怅然若失，心里就感到空落落的。

于是，当我非常愉快地坐在河边的长条椅上的时候，当我与华人朋友倾心交谈的时候，当我们发出舒心舒意的畅笑的时候，我知道，在我的下意识里，那河，就成了另一条河了——一条能让我从它身上嗅出亲切的华夏气息的名叫黄河的河。

是的，那河，成了黄河。

可惜的是，不久到了冬季，大雪在温莎一连纷飞了几天，河边不但堆下厚厚的积雪，而且寒风阵阵，阵阵如刀似剑，那儿因之除却几个坚持竞走的白人小伙子以嘴鼻的股股白气宣示他们的不屈不挠之外，便人迹罕至了。我在那里再也见不到我的那几个亲爱的同胞了。于是我觉得应该把"底特律河"这一名字，再还给那河。但我期望着春天快来春天快来。

穷山恶石间

一片穷山恶石。

陡峭的坡上，没有任何植被，就像倾泻着黄土的瀑布。

偶然看见一股流水，却细细的，没流几步又不见了踪迹。

气候恶劣极了，有时候风沙满天，有时候赤日炎炎，有时候又暴雨骤至，挟带着拳头一样大的冰雹。

对于一切生命，这儿的自然环境都是后娘。

一切生命，在这儿都受到了最残酷的虐待。

然而，在这里，生命却照样呼吸着，繁衍着，而且，表现出了异乎寻常的强悍和坚韧。

瞧，那儿，一丛绿。

"那是什么？"城里来的孩子问。

"马牙草。"土著娃回答。

马牙草扎根的地方，是干山硬梁。干得像炕板，硬得像铁。

"它的命最长了。"

"是吗？"

土著娃望望伙伴的眼睛，不再说什么，而是用小镢头刨出马牙草，又狠狠地剁了几下。

火辣辣的太阳曝晒着碎尸几段的马牙草。

"咱们过几天再来看吧。"

他们走了。

落了一场小雨。

他们又一同走上山梁。

呵，马牙草又扎根了！又活过来了！而且，被剁下的每一截都成了一个新的生命！

一个晴朗的日子，他们一起坐在院子里吃饭。

鸡来了。

土著娃站起来，赶得鸡嘎嘎乱窜。

"为什么老不见喂呢？"

"人的粮食都不多，哪顾上它们？"

"那……它们吃什么？"

"虫子，草籽，山洼里有的是。"

土著娃数了数，少了一只母鸡。想想，嗨，多日不见它了。

他们就一起寻找。

连根鸡毛都没找见。

"大概叫狐狸拉走了。"

"是吗？"

"可不是！狐狸最爱吃鸡。"

但是一天晌午，那只母鸡却突然回来了！并且喜气盈盈地，身后带着一群鸡娃，一群鲜活的唧唧唧叫着的生命！

入秋，他们一起玩耍。

玩的是扔石头，打仗。

土著娃让着城里的孩子，所以，城里的孩子总是占着上风。

土著娃忽然发现，一头老黄牛正在偷吃地里的禾苗，就去赶牛，可是城里的孩子还未休战，一块石头过去，把土著娃的脸打破了。

鲜血直流！城里的孩子跑过去。吓呆了！

"我……我背你去医院。"

"不用，没事的。"

"那，我提包里装有紫药水，我去寻。"

"不用。"

土著娃抓了一把干黄土面儿，给脸上敷了，揉了揉。后来，竟没有感染，竟长好了！

不觉到了冬天，天寒地冻，滴水成冰。早晨，太阳还没出山，他们一起睡在热被窝里，正在做梦。

耳边传来隆隆的响声。

门外的放羊老汉喊叫："嗨呀！这么多的炮车！"

土著娃一骨碌爬起来，赤条条一丝不挂，就跑出去了。

城里的孩子摸摸索索地穿上衣裳，也跑了出去。

天气真冷。解放军拉练的炮车，行进在落了一层白霜的村路上。

那么多的土著娃都在观看，男娃，女娃，七八岁的娃，三四岁的娃，都是赤条条的一丝不挂，像一些大小不等的立起来的鱼儿。

过后，城里的孩子由于衣裳还是没有穿好（没扣扣子），感冒了。可是，那些大大小小的土著娃，仍然欢蹦乱跳。

好一片征服了厄运的生命！

快过春节的时候，城里孩子的爸爸来了，要接他回去。

"爸爸，你看我们这儿好吗？"

"好。"

"为什么？"

"把你锻炼得结实了，勇敢了。"

在爸爸的心中，孩子的身上已灌注了了不得的生命伟力。因为他知道，这是一片出豪杰的地方。三百多年前，那叱咤风云的李自成，就出在这里。

一场龙卷风

远远天边的最后一缕阳光，也忽然被乌云毫不留情地吞没了。那乌云很黑，很厚，而且很低，好像比树梢高不了多少。金蛇一样的闪电，就在那乌云上时明时灭。与此同时，雷声隆隆地传过来，风也更大了。

一棵枝繁叶茂的大树哗啦啦作响。大树的下边，一对青年恋人站着搂抱在一起，正在接吻。风吹乱了他们金色的头发，他们好像浑然不觉。可是，一阵突如其来的尖利的繁响，却使他们为之一惊。他们寻声望去，是高高的七层楼上，一户人家的窗玻璃被风打碎了，主人在窗口晃了一下。原本宁静祥和的这一美国小镇，陡地有了些不安气氛。狗汪汪地叫了起来。

风越吹越大，树木大幅摇摆。

跑在街上的人们开始弓着腰，用胳膊挡着头脸。风吹得人们举步维艰。那对青年恋人也狼狈地跑过来了，小伙子一边跑一边向姑娘指着远方。

远方，不知什么时候有了三条竖挂的长带，那长带里旋着绕树乱鸦似的物什，一端连着天上的乌云，一端连着地面，像三条肩并肩的巨龙，在缓缓地旋转，摇摆，推移。其中两条逐渐靠近，靠近，后来，终于那么互相一碰，就合成一条了。于是这新的一条又和另一条肩并肩地旋转，摇摆，推移。

人们惊惧地喊叫起来：啊，龙卷风！

可是，也许因为龙卷风目前离这儿尚远，也许因为别的一些什么原因，几个路过此地的旅行家，却似乎并不觉得有什么可怕，他们反而很是兴奋，拿出相机连连拍照。

然而就是在这个时候，不知从哪儿又冒出一股龙卷风，它携着大夜似的黑暗，威威赫赫，腾腾挪挪，已经逼近到小镇的跟前，发出十分恐怖的声音。狂飙骤起，天摇地动。沙起石扬，一片混沌。男呼女叫，乱物横飞。电线如鞭，空中狂甩。乒乒乓乓，屋瓦落地响连声。

转眼间，人迹杳然。小镇上的一切老老少少，包括那对青年恋人，包括拍照的旅行家们，全都钻入坚实的地堡之中。

但也许地堡的铁门还不曾关紧，人们从耳畔传来的声音中，还能揣测到外面的和中情景。大雨和冰雹就漫天横倒，就像天上发生了兵变，雨库和雹仓的看守者全都仆倒一旁，任大雨和冰雹随意乱泻。于是平地涨水好几尺。滚滚小镇，滔滔街道，滚滚滔滔的东边西边南边北边。小镇像摆放了十万个音箱，到处都震荡着可怕的巨响。

啊，龙卷风！龙卷风！

龙卷风终于显现了它凶神恶煞般的面影。那是一个直径五六米的黑色圆柱。黑色圆柱旋转着向前推进。构成它的好像不是空气和空气卷起的杂物，而是钢铁，而是刀，刀。触上房舍的一角，房舍的一角噌地就被削了下来；触上大树的树冠，大树的树冠唰地就没了多半。墙被掀倒，电线杆被拔出；牛被卷上天空，垂着四条腿，号叫着，飘来飘去。栅栏上的木条被吹离栅栏，鸟群一样密密麻麻地凌空飞去，遇上墙壁又全都是锋利的刀子了，全都扎了进去。

但是，更重的东西呢？它能不能卷起来？比如，一辆汽车。

那么，面前就是一辆汽车，一辆载货用的十轮大卡。十轮大卡毕竟太重了，它颤悠着悬空了，却又落回原地；颤悠着悬空了，却又落回原地；但当它第三次颤悠着悬空的时候，竟嗖地一下腾空而去，融入旋转的风中。

龙卷风咆哮着，洗劫着，如一头史前野兽，如恐龙。或许，它就是一条恐龙啊。——一条最大的恐龙。一条最凶的恐龙。一条恐龙之王。尽管都说恐龙早已灭绝了，但你能说那个曾经统领天下的恐龙之王，就没有灵魂？

它是狂暴的代名词，残酷的代名词，毁灭的代名词。它形迹所至，纷乱随之。一切都移了位置，一切都在旋飞，一切都发着声，带着响，迸射着反抗的力量。

有序成了无序，无序重新组合。相摩擦，相碰撞，相扭结。一个个俯冲而又重新升起，隆隆爆响，哗哗闪光。携着一切。朝着同一的方向，旋转着推进，推进着旋转。一柱黑色的通天风暴，一个恐龙的精灵，踩着隆隆节拍，在歌，在舞，在抒发情怀！

它的歌舞不停，浩劫不停。

一座完整的小楼滚了过来，里面的柜、床、浴盆之类的东西随处掉落，又跟着飞走。

花园里的草皮毯子一样被风张起，贴在谁家的门窗之上。那门窗乱绿瘆人，如一张妖魔的脸。

咚咚两下，天空掉下一只黄狗和一只汽车轮子，黄狗再没有起来，车轮则像一只捕猎之狗，一直向前滚去跑去奔去。

那辆十轮大卡也终于跌落下来了，在三百米之外，但它的形影只闪了一下，就轰的一声，化成一片红色烈焰了。

一切都在动荡，一切混乱不堪，迸飞又散落，堆积又断开，火、光、影、擦音、爆音、破裂音。血迹和粪土齐飞，一切都是发烫的，拼搏的，激昂的，一切都在露出它的本真面目。因此，什么事情都在这儿发生着了。但这发生，绝不包括发霉和生锈，即使原先是发霉生锈的，也都在此刻全都不再持续发霉和生锈了，中止了生命的颓势！

当龙卷风离去的时候，劫后余生的人们走出地堡，小镇已面目全非，一片狼藉，惨不忍睹。灰头土脸，泪花闪闪的眼，震惊，无奈，惶惑，老太太哭嚎着；一个男人看他的胳膊，那胳膊不知何时被谁的眼镜扎透了，眼镜还晃在上面（不可思议）；丈夫寻找妻子。片刻之后，一个个在哀伤中忙乱起来。那对青年恋人也许抢救伤员去了，再没有看见他们。几个旅行家看样子却仍然很高兴，又忙着拍摄这难得一遇的灾后景观。嚓，嚓，Very good！但他们忽然发现，龙卷风并没有销声匿迹，于是他们撵了过去。

是的，龙卷风还不肯远远离开。它还在小镇西北边的旷野里，旋转着，摇摆着，推移着。它还像先前一样逞着凶，发着威。它的黑色的通天圆柱使一棵又一棵的大树连根拔起，随后又绕着黑色圆柱飞转。然而不知怎么一下，大树就全都落下来了，像下着一阵树雨，而黑色圆柱就像被什么人一下子抽尽了骨头和肉，立时没了神，没了力量，只剩下一张烟雾的皮，飘飘游游，缭缭绕绕。

一张白色的塑料袋，孤独地飘在空中。

云彩的诞生

贾宝玉在《红楼梦》里说："女儿是水做的骨肉。"书里只是一句，书外回声几百年，至今还响在千万人的齿缝唇间，足见此话的精到睿智。那么，以水为躯的云彩，就是寰宇的女儿了。寰宇也有威武剽悍的儿子，那是山。山的骨肉是能用马蹄敲出火花来的嶙峋石头。山豪壮，云婉约；山铁硬，云柔美；山外露张扬，云含蓄娇羞。

寰宇如果没有山，这寰宇仍是寰宇；但如果寰宇一朝失去了云，这寰宇恐怕就不会有一切生命了。

看来，云彩，这寰宇爱游爱走的曼妙女儿，对于我们这个世界，太重要了。人们没有不喜欢云彩的，但是倘问，你见过云彩是怎么诞生的吗？想必绝大多数的人都会被这一问噎住。

我们的祖先中倒是有些有心之人，比如唐代诗人王维，他肯定是求索过这一奥秘的，因而写下了"坐看云起时"的绝妙佳句。但他只是粗线条地勾勒，或者说只是写了云彩的孩提阶段、成长阶段，并没有描绘出云彩从母胎里分娩的那一刻。

但是我今天可以写出那一刻，因为我有幸比王维走得远多了，云彩的诞生曾闯入我的眼帘，因而我看得很是仔细。

那是在阿拉斯加。

半山坡上，一片静静的树林，微弱的阳光洒在它的枝叶间。除此之外，什么都没有；如果说有，只有些早前曾经存在的鸟儿的扇翅身影和它的鸣啭；但是现在，这些都归于空无。而远处走来的风儿，也好像有意绕了个弯子，回避到别的地方去了。这自然是预示着一个庄严时刻就要到来，一派产妇即将临盆的气氛。不料过了一秒，两秒，三秒，什么事情竟都没有发生。然而，正当你要转脸的时候，眼睛的余光好像扫到了些什么动静。你赶紧放正脸颊。哦，那动静，真真实实地被你捕捉到了！

那么，是什么样的动静呢？

树根下，紧趴土石的漂亮的或扭曲纠结的树根下，飘起了几根游丝。只是几秒之后，飘动的游丝多了起来。又只是几秒之后，你便会看到树的干上、枝上、叶上，都有缕缕白色的轻纱飘过，飘过，飘过，而树干、树枝、树叶，有的被白纱裹得严严实实，有的还显露在白纱之中或白纱之外。而不知不觉间，整个树林十分热烈地激动起来，颤动起来，运动起来，同时还有了一些抹弦似的美妙声音。这一切都虚虚幻幻，朦朦胧胧，飘忽不定。当然，除此之外，依然只是个大大的 0 字。这时候你便会想到在产房里一个婴儿正在诞生时的幽闭情景。那时候连急切地想见到孩子的父亲也不能立在这儿。不错，正是这一刻，那水做的骨肉，那新鲜的云彩，那寰宇的漂亮女儿，那小宝贝，已经洒洒脱脱地诞生于人间了。哦，看哪，它们竟是多胞胎！它们一朵朵，一片片，洁白耀眼，正在沿着林梢升起，升起，于是人们惊喜地喊它了：

"云儿！云儿！你看那云儿！"

这整个过程，大概只用了两三分钟的时间。

云儿的诞生从来不会逢上难产。

所以，那云彩那寰宇的女婴在诞生中没受过碍绊的痛苦，一诞生就显得那么健康那么灵秀，一诞生就有了敦煌飞天的潇洒模样。

看了我的记叙，也许很难满足读者，但我只能写到这样的水平了,因为云彩的诞生是玄妙的,难以捉摸的,要用语言尽数表述出来,几乎无可能。云彩的诞生,应该更像人类精神上某些东西的诞生,比如情绪,比如思想,比如定理,比如艺术,等等,它需要你的想象加以弥补。

先前,树林是黑乎乎的一片,而现在,它大部分的胴体被云雾的被子所覆盖,于厚厚的云雾中,显露出由白到灰到黑的淡淡浓浓的层次。一列列裹着深浅不同色阶的黑的树木被晕染出来,如湖笔徽墨画出的水墨画儿,那画儿中的每棵树都逸气四溢,好不妩媚。其实它就像一位疲倦而幸福的产妇,懒懒地躺在那儿。

云彩罕见的诞生过程,我在阿拉斯加旅游的那些日子,实在是见得太多太多了。因为在阿拉斯加,每走一步都水气逼人,它到处是白皑皑的雪山和冰川,到处是明镜般的湖泊,到处都是挂着露珠的树木,于是那儿的水无时无刻不在孕着飘逸的骨,无时无刻不在孕着轻灵的肉,于是云彩这寰宇的美丽女儿便无时无刻不在分娩着,诞生着,出世着。整个阿拉斯加,可以说就是一个诞生云彩的浩阔产房。

锅 盔

从去年 11 月初到现在，我一直在陕西千阳县下乡。

千阳是个小县，面积和人口都是全国的万分之一。据一位著名的美术家的考证，千阳及其毗邻的陇县之间，是我们中华民族的摇篮，黄帝和炎帝都在这一带叱咤过风云。

千阳县虽小，饮食摊点却横了一条街。在这儿，使外地人惊异得两眼放光的，莫过于一种叫作"锅盔"的食品了。

锅盔，光凭这名称，就让人想起盔甲，想起猛士，想起金戈铁马的西部古战场。

锅盔的形状，又多么像这千阳大地，像这黄土高原：敦厚，雄浑，粗犷；可以载大树，可以负巨石，可以经受暴风雨的无情打击。

其实，在关中的许多地方，也都能见到这种锅盔。

锅盔是圆的，一个有草帽那么大，桌腿那么厚。虽是细白的面粉烙的，表面却不光，如糙石一般。多重呢？少说也有十六七斤吧。

这么个家伙，怎么做呀？

揉面，不是用手揉，而是用杠子压；老头压也不行，要小伙子。压者满头淌汗，用的是拉大锯的力气。烙制的时候，要用麦秸火慢慢煨，煨两个多小时。熟了后，好烫，就慌忙扔到筐子里，咚的一声，惊天动地，使筐子久久摇晃不止。

市面上的锅盔，总是用刀子斜着切下去，切成比平面大了许多的斜面，进一步夸张和炫耀它的粗重厚实。对顾主来说，这无疑是受了一次小小的欺骗，但顾主偏偏乐于接受这样的欺骗。顾主相信它是粗重厚实的，希望它更粗重厚实一些，这一刀便能使他们得到绝妙的满足。

常见庄稼汉啃着这个家伙。而庄稼汉，有时穿着折裆扎腿的老棉裤，有时裸露着肌肉隆起像摔上几疙瘩黑泥的臂膀。脚下是浸满汗水和豪情的黄土高原。锅盔，庄稼汉，黄土高原，三者是和谐完美的统一。

冬季，载着麦秸的手扶拖拉机，从四野八乡源源不断地集中到这儿，又开往宝鸡。运送麦秸不像运送别的东西，码起的垛子体积极大，那真是载着一架山。打背面看，那山上接天下摩地，全不见人的踪影，机子的踪影，那山就好像自个儿摇晃，移动，飞跑。从正面望，巍峨一座大山，它的沉重无比的分量，简直像全都压到拖拉机手的身上了——其实也真压上一部分。拖拉机手一个个被压得低着头，弓着腰，时刻处于艰辛状态。他们也真苦。但是，凭着锅盔转化的热能，凭着惊人的吃苦精神和坚韧的毅力，他们还是跑了一趟又一趟。

倘问：下一顿饭，拖拉机手们想吃些什么呢？

摸摸口袋，如果还有钱，自然又向卖锅盔的走去了。

累极饿极的人们，啃起锅盔来，能不更加体味到它的香甜么？

那几乎是香甜的极致了。

黑宝璀璨

要知榆林大漠模样，这就是了：苍苍天无边，茫茫野无沿，沙丘大大小小、起起伏伏、重重叠叠，疯长着无涯的荒寂。像一领被遗弃的破席，没人再去理会；像一张无血色又永无表情的脸，毁誉由之。走上百儿八十里，偶见一村庄，只两户人家，三户人家，门前都长着一人高的沙蒿；树也是有的，或细弱，或老而奇形怪状：树干分裂为三四，又扭了几扭，又空了心子，又向四方龇开，如百年前埋下的一颗地雷作无声的爆炸。据说村庄周围也有田园，但这田园就像探险者踩在月球上的几片脚印，连天文望远镜也觅不出它在什么地方。

走着走着，忽而有了黄土，有了石头，有了山，有了鲜活的城镇，然而这一切只是晃了一瞬，又被荒寂吞没了。一条叫作窟野河的大河从天边滚滚流来，野得就像它的名字，就像一只嗥叫着的狼，又给这天地间增添了几分荒寂。水是泥浆的颜色，岸是泥浆的颜色，河滩也是泥浆的颜色。河滩宽阔博大，一路走上去，面积以万亩计，十万亩计，可惜没有一分田垄，甚至连一裸草茎也看不到。路边山梁上偶有古塞残堞，河滩有时也能掘出几块生了锈的戟铁，使人耳畔依稀啸过胡笳的悲鸣。

无论榆林大漠还是这窟野河两岸，都有许多奇特的地名：巴虾采当、尔林兔、活鸡兔、波罗、黄土螃垓、哈拉沟、西葫芦素……

地名与风物相配套，风物与地名相和谐，有如一首歌子的词和曲。不配套不和谐的，只是远方来客。远方来客也许是著名歌星，也许煽起过风靡全国的"西北风"，却唱不了这首歌子。

看跟前风物，听耳边地名，从感觉上，以为走到什么遥远的异域了，而理智却提醒你，还没出陕北边界。不过确已走了很远很远，不过确已离蒙南高原很近了。那么，这些地名是什么人起的呢？是汉人起的？是蒙人起的？抑或是蒙人起下汉人又音译如此？谁也说不清楚。可以说清楚的是，汉文化与蒙文化，已在这儿交融在一起。这儿的民歌既叫"信天游"，是陕北民歌的称谓；也叫"爬山歌"，是内蒙古民歌的称谓；有一种叫法是干脆把二者化于一舌，就叫"蒙汉调"了。

如同虫子也能教监牢产生点灵动色彩，世世代代繁衍生息在这里的人们，也使这一片死寂的土地，有了活气，有了鸡叫狗吠声，有了激激扬扬的红火热闹。他们耕锄于山坡，修路于崖畔，歇息时，往往就摔跤：汉子和汉子摔，婆姨和婆姨摔，有时兴致来了，婆姨和汉子也相互摔。逢上谁家娶媳妇，唢呐便吹，花轿便闪，吹出金黄的旋风，闪成虚幻的火球，还要七碟子八碗端上桌，猜拳，豪饮，喧嚣不住，欢笑不住，闹它个昏天黑地。

吹荡着自由之风的乐土，在这里；洒脱蓬勃的灵魂，在这里；无数王贵无数李香香，在这里。在这里，男女好平等，平等如诗，如歌，如画。以做饭为例，婆姨固然得做，汉子也不能下地回来就往炕上一躺，只等着端来张口；汉子也得帮一手。汉子做饭功夫的熟练老到，常使外地人为之叹服：上下开弓，手脚并用，手在锅台上剁荞面，赤脚片子往灶膛里填柴禾，不一会儿，一家人的饭就做好了。

尽管严酷的自然环境磨炼出人们的乐观性格，然而生活的贫困，却是无法回避的事实。贫困就像这儿传说的神秘的"毛鬼神"，踢不开，打不走，老是纠纠缠缠的不肯放开人们。有的人，一家五六口伙盖一块被子；有的人，大年初一只能吃上一顿黄米捞饭。有一首民谣是这么说的："女人掏苦菜，男人走口外。"如果说，它对人们祖祖辈辈凄惶日子的概括，这样还有些平淡的话，那么，那掏苦菜的旷野，那走口外的路上，那旷野和路上一声一声催人泪下的蒙汉调，却是令铁石心肠也会变得不堪一击的。

这一片辽阔的土地，果真是那么贫困么？

千百年来，甚至在新中国建立后的不算长也不算短的数十年间，谁也没有这么问过。

但这块土地却耐不住了，似乎终于向我们泄漏了点什么。

1954年，榆林专署的一个干部，出于高度的责任感，骑骡子跑到绥德（那时榆林和绥德之间还不通车），又从绥德搭车奔赴西安，气喘吁吁地向省上有关部门报告：神木有煤，煤很多，煤都自燃了！他还吁请省上，赶快派人灭火，赶快派人开发！

然而看到的却是不屑一顾的脸色："知道了，知道了。你们那儿的煤，省上完全了解，有是有那么一点儿，可是缺乏工业价值。"

那个专署干部的心，那一片辽阔的土地上穷苦老百姓的心，如同那片死寂的土地，也死寂了。

这一片辽阔的土地，果真是那么贫困吗？

五十年代过去，六十年代过去，七十年代也过去了。到了八十年代初，一位在中央机关工作的神木籍老干部，一位记者，接着又有一位记者，终于先后在这片土地上捡起问号，又把这问号铸为重型炸弹一般的惊叹号，抛掷在世人面前：陕北有煤海，优质易开采！随后经过几年的艰苦勘探，结果是，钻钻下去都有煤！而且是世界上少有的优质煤和气化煤！

人们终于发现，原来，这陕北，这榆林地区的神木、府谷一带，这一片辽阔的土地，是富饶绝伦的土地！

而其实，这儿的富饶，早已作黑色的跃出，早已作黑色的呐喊，怨只怨我们在相当长的时间里，心思没用到正当地方，愧对它了。

难道不是吗？只要我们稍稍在这儿深入一下，问题就完全清楚了。

不管沿着哪条道路走，偶一转脸，或于荒沙中，或于沟壑里，或于岩层间，在这些看着令人疲倦的泥浆般的大片底色上，你的目光便会触到惊心的黑，触到裸露的煤层。其厚度有的一米、半米，有的两米、三米，有的竟有四米之多。路上遇见的牲口、架子车、拖拉机，多是运的煤。落小雪的路上，白、黄、黑三色相杂，白的是雪，黄的是土，是沙，黑的是煤，斑斑驳驳，色彩对比鲜明，如铺着一条其长无比的美丽地毯，小煤窑到处都是。三十年代最先揭竿而起的，就是一伙"炭毛子"，他们组成了红七支队。"远看像个要饭的，近看是个掏炭的。"这儿流传的这个顺口溜，道出了掏炭人一直过着的可怜日子。他们掏下的炭很不值钱，收入微薄，仅比乞丐强一点；绝少洗脸，即使洗了也立刻便黑了，所以每每回家都像非洲的黑人一般。传说有人过年时洗净脸走回家来，孩子反倒认不得他了，吓得哇哇直哭，直往妈妈怀里钻。其实这类事情多的是，因为小煤窑很多。

在大大小小的无数河流里，找石头难，找煤疙瘩易，煤疙瘩俯拾即是。有的煤疙瘩不知在河水中滚荡了多少年了，竟无棱无角，浑圆光滑，完全像卵石一样。而在有些河段，整个河槽竟都是黑的，赫赫然，彻头彻尾由完整的煤层构成，站到跟前如临大夜，看到了夜的走，夜的行，夜的黑衣飘动。但水多是浑的，水下又多沉淀着泥沙，这样的奇景很少得以一窥。但不管来到哪片河床上，只要把表面一层一两米厚的泥沙挖走，便是一个露天矿。人们把它亲切地称为"小露天"。"小露天"多如这儿的黑羊羔。

一些河段没有现成的煤，河边群众也懒得去远处搬运，只等河水送来。等到山洪一爆发，浪卷着煤，煤掀着浪，浪啸煤吼，似唤村村户户人："煤，送到了，收下吧！"人们自是高兴，便大呼小叫，男喊女嚷，从山峁上，从背沟里，从条条路上，一齐涌向河滩。只见那洪流中的煤疙瘩，若西瓜，若猪羊，若牛，若碾盘，若房子，甚而至于若黑色的巨轮，从滚滚的波涛中威武驶来。人们不管是张是李，只要有力气，就尽兴去捞。社会上曾几次掀起抢购风，抢购彩电，抢购冰箱，也抢购过煤。但这儿对于煤，既不是购，更不用抢，煤之流源源不断，用不着排队，用不着挤挤搡搡，可以一团和气，各取所需，皆大欢喜。那一年，有块奇大惊人的煤块，不，煤山，被冲到一个村子的地头，全村二十多户人家用钢钎打碎分了，烧了三四年，有些人至今还没有烧完。

走到一些山村，恍若踏入黑色的城堡，使人惊诧不已。院墙是煤砌的，猪圈是煤砌的，厕所也是煤砌的。不知谁家盖新房，那新房的基础就是四方四正的煤块子。村办小学经费困难，学生娃娃坐在煤上，而用煤支起一块木板，就是桌子了。路畔塌了，用煤填；堤堰垮了，用煤补。煤，充斥在生活和生产的各个方面。也有些山村却不见一块煤，你这下以为这儿是缺煤的了，然而大谬，那反是因为这儿煤太多，煤太近，扬手可得，不必碍事绊脚地在身边储存。往往要烧火了，大人一边取火柴，一边才对孩子说："拾几疙瘩炭去。"孩子随便走几步，随便转个山旮旯，随便挖两镢头就是。这儿的煤燃点极低，烧着也不费事，一棵两棵黄蒿用来引火，便行。

冬季的西北风虽硬，因为煤多煤贱，谁也不须担心受冷。不论是机关单位还是普通百姓，都是煤天煤地；不论是主家还是客人，不怕麻烦尽管烧。这儿没有冻死鬼。烧死鬼却是有的。常见一些人不是把炕席烧着了，就是把被子烧着了，有的竟连人也被烧死了。人们烧的都是大块大块的煤块子，几十斤重，几百斤重。外地一般见到的那种煤末子，从来无人问津；绝不是夸张，送人都没人要。神木县发生过这样一个故事：煤炭公司的煤末子堆积如山，无法处理，公司领导煎熬得不知如何是好，幸好电厂答应要了，就赶紧让他们天天来拉。这样，电厂发了三年的电，燃料没花一分钱，而煤炭公司还千恩万谢，感激为他们清除了垃圾。国外流行什么黑色幽默，真正的黑色幽默，原在这里。

过春节与过元宵节，这儿除了和一般地区那样点灯笼之外，还要点火塔。火塔用煤砌成，大多一两米高。火塔点亮的时候，从城镇到农村，大街小巷，前山后洼，家家户户门庭前，都是一片辉煌一片明。机关单位气魄自要大得多，有的砌一个火塔，就要用去满满三卡车的煤。如此多而雄伟的火塔彻夜点燃，翌日看，天却还是蓝漾漾的，云却还是白生生的，空气却绝少污染，也留不下多少垃圾，每个火塔只化作一层白雪似的灰烬。这儿煤的品位之优，于此便可窥知一二。经科学鉴定，它低灰，低硫，低磷，瓦斯的含量几乎等于零。

窟野河的一条支流，叫作乌兰木伦河。沿着乌兰木伦河驱车飞驰，举目望去，连绵群山之上，如山花竞放，如朝霞尽染，尽皆泛着隐隐的红光。那是火烧山。近了看，一层一层的山岩，如热血浸透，如从炉膛滚出，还似散发着烤人的余温。那是火烧岩。火烧山和火烧岩，都是煤田自燃的结果。据说，有些地方上层燃了，底层还完好无损，有些地方则从上至下燃了一二十里深，不复存一块煤炭。几万年来，几千年来，朝朝代代，年年月月，已经燃去多少？多少卡车多少吨？够多少工厂多少家庭烧多少年多少月多少日子？纵有电脑，纵有史丰收的快速计算法，也很难算出。而有些至今还在燃，缕缕青烟飘出山缝。问煤田："汝成于何时？"煤田说了，说的却是庄户人家觉得非常陌生的名词，像从秦皇陵中掘出来的，像从太平洋中捞起来的。它说是"侏罗纪"。"侏罗纪"距今已有一亿四千多万年。亿万年的相思，亿万年的等候，亿万年的期待，怎不教它燃烧得如癫如狂！

但我们总算和它亲近了。但我们总算看清它的黑牡丹似的姣好容颜了。它半截脸在这儿，在神木、府谷一带，叫神府煤田；半截脸在内蒙古南部的东胜一带，叫东胜煤田。两片煤田合起来，完整的名字是神府东胜煤田，真真是个浩瀚的煤海。更可喜的是，海下有海，海下有海，海下有海，海，有五重。总储量相当于165个抚顺，可以说盖世无双，居于世界八大煤田之首。难怪一些前来考察的外宾，一边赞叹，一边诙谐地说："真教我们有点儿嫉妒了。"哦，我们这块古大陆，我们这片如同我们民族一样经历过巨大灾难的土地，怎能不深蕴着如此丰厚的希望！

消息传出，整个地球为之一颤。美、日、法、英等十多个国家，都感觉到了，都表示了十分热切的投资兴趣。这片土地上的人们更不用说了，一个个像在生命中注入了新的活力，一个个奔走相告："从前总说咱们只有白宝（羊绒），现在，咱们又有黑宝啦！"

被灿灿发光的黑宝所召唤，万古苍凉之上，现代化的采煤队伍走来。在大柳塔，先来了38人，号称38军；尔后又是129人，号称129师。多么自豪的采煤大军！在大漠，在河道，在沟洼，采黑宝的宏伟场面铺开了，有如世界热潮舞的演出。一河为界，河西是陕西，河东是内蒙古，都干得大汗淋漓。因为有了煤矿，一些曾经是连30户人都不到的小镇子，现在骤增为三四万；一些从来不会卖东西的庄户人，也提起了鸡蛋筐子。饭铺、旅社、照相馆、百货商店、浴池……雨后春笋般拔地而起，一派繁华景象。

走一处：矿。又一处：矿。那些矿多是冲着山根凿进去，凿出平井斜井，平井是平卧的蟒，斜井是斜卧的蟒，巍巍高山用粗胳膊大手猛压着它们，它们就张开大口，吐，吐，吐出不尽的煤。而大型露天矿又是另一番壮观景致。十几米厚的煤层，如无瑕墨玉，无一矸石。那是精煤的悬崖，精煤的绝壁，精煤的高楼大厦。人都道，此精煤可气化使用，还可把这煤粉和水一道喷出去，像可燃气一般好烧，而这煤又是如此之多。天和地几欲合拢，是煤，才把它们远远撑开。站在煤顶上喊话，你必须细听才能听清，而那声音是被染黑了的。望着这庞厚煤层，你不由一番惊叹接着一番惊叹，你不能不为这块土地如此富饶而欣喜万端。这是一幅奇伟的中国画，只有中国的笔墨才能画出。画的时候，笔有多重墨有多饱多浓，即令花上八百年时间，也难以估透。钢铁的机械震响着，它似乎有些垂头丧气。它问："这么多的煤，何时方可采完？"矿长笑答："光咱这个矿，用不了多少日子，二百年吧。"看来，整个神府煤田，够我们放心采了。这个煤田已被列入"七五"期间国家重点建设项目，我国煤炭生产的重点，将要由东部转移到西部。愿一股大漠来风，将此信息，传遍祖国四方！

腿在这儿走，眼在这儿看，到处都是富饶的一片，曾在印象中的荒寂，荒寂，荒寂，将永远和这儿告别了。神府精煤源源出口，已经换取了大宗外汇。火车的汽笛已在这儿声声长鸣。希望在即。然而，这儿的煤层没有夹矸，煤田的开发中却含着隐忧。人们痛心地看见，如此宝贵的资源，却一哄而上：国家挖，省上挖，地区挖，县上挖，乡上挖，村上挖，集体挖，个人挖，弄不清来自哪儿的人也挖。如一群乱鼠，密密麻麻，挤挤挨挨，咕咕涌涌，在挖，在打洞，在抢噬。好多人都是看到什么地方得利快，就挖什么地方，表土和杂石乱堆，挖下半截就甩了。几年之间，这片煤田的许多地段，竟被挖得体无完肤，疮痍满目，破碎不堪。幸好，这种野蛮破坏资源的严重局面，已经引起有关部门的注意了，并且略有改观。但是，人们要说的是，还必须采取更加有力的举措，使它得到彻底止息。须知，损伤这片煤田，实在是无异于损伤我们心爱的祖国的黑黑的瞳仁啊！

火葫芦

　　这儿摇红、那儿溅绿的西安，一进入冬季，就几乎凝作一片灰色了。尽管年轻人执拗地炫耀青春——今天一件天蓝风雪衣，明天一方五彩花头巾——但那炫耀毕竟微弱得很，决然改变不了色彩的主调，而且全不过只是一闪，却又被灰色淹没了。

　　刮起西北风的时候，风把细碎的沙尘抛撒在钟楼上，钟楼也几乎要变成灰色的了。而钟楼原本是金碧辉煌的。它的金碧辉煌，现在只能费力地透露出来一点儿意思。

　　这灰的色彩，使人很自然地想起在这附近出土的无数文物。西安的文物是够多的，十一个王朝在此建都，遍地稀世珍宝。你随便去周围的农家院落走一走，在那院落的猪槽边或牛棚旁，无意中顺手提起一个陶罐，抑或捡起一块瓦片，经专家一鉴定，说不定就是一件文物。——人们如是讲。而冬日的一片灰色的西安，本身就像一件其貌不扬的出土文物。

　　日复一日，上下班走在西安的街上，抬眼望，一派繁华景象：高高悬起的各色衣物在商店门口迎风摆动，双卡收录机奏出朱明瑛等歌星的甜美歌声，羊肉泡馍馆香气四溢，而地摊上呢，还摆着洋芋刮刀、新武侠小说和据说能粘住特大老鼠的老鼠胶。南来北往的汽车、自行车飞驰的洪流中，有时可以看到三轮车小心翼翼而艰难地走过，上面载着刚刚买下的电冰箱或者款式新颖的大立柜。但是，我不想看这些，不爱看这些。在我眼中，这一切也都似乎罩着一层灰的色彩。看着它们，就像看一部老是演不完的艺术拙劣的黑白电影，使人昏昏欲睡，单调，枯燥，乏味。我的心里隐隐生出一种渴望，渴望什么呢？我也说不清。

有天上午我去新城开会，落雪不久，空气清新，阳光极灿烂。车驶过北大街中段的时候，猛地看见一大团火红的颜色，红得让人精神为之一振的颜色。再一看，是一辆自行车的后面高高挑着一嘟噜红灯笼，灯笼小而繁，足有百十个之多；骑车的是个农民。农民，自行车，红灯笼，完整地构成一只松鼠的形象。那嘟噜红灯笼，就是松鼠高高翘起的尾巴，鲜艳而肥大；而农民用力蹬车的姿态，则十分传神地显示出松鼠的活泼泼的生命。

我不舍离去。我像从寂静的丛林走出来，猛乍乍听见一阵大锣大鼓的震响。我的身心享受到了极大的满足。至此，我才知道我先前的渴望是什么了。

但当我再要看时，那松鼠倏忽一闪，余味无穷地逝去了。

一连几天，只要是走在街上，我总是期待着，但总也见不到那火红的颜色，见不到那松鼠。行人挤挤挨挨。我默默地走着，默默地想着。我想不清那嘟噜灯笼的色彩何以那么强烈，那么鲜明。它简直是从大地深处窜出来的火焰。

忽然有一天，我又看见了松鼠，又看到了它高高翘起的鲜红动人的尾巴；看到的不只是一只，是三四只。接下去，我天天能见到，而且数量日趋增多。看见它们，我的心情总是愉悦的，畅快的。

我意识到，元宵节快要来了。

元宵节张灯，是一种古风。相传，汉代的长安就有这种习俗，到唐代，此风更为隆盛。那时候，或制八十尺高的灯树百枝，或作燃灯五万盏的灯轮，灿烂辉煌，照亮了整个京师。现在，西安花灯的品种十分繁多，有现代风格的，也有古朴典雅表现了强烈的民族民间色彩的，而后者以东仓巷的羊灯、周家巷的兔灯、李家村的五莲灯、三兆的大花灯、豆腐巷的狮子灯、特别是灞桥的火葫芦最负盛名。灞桥的火葫芦，在一切花灯中占了绝对优势。前面说过的那高高翘起的松鼠尾巴，那嘟噜红灯笼，就是火葫芦。

我喜欢火葫芦，喜欢由它攒成的松鼠尾巴，喜欢松鼠高翘着它在西安街上东奔西跑。我精神上有这个需要。你看，它红得那么坦诚，那么富有诗意，那么淋漓尽致。

我终于有机会站下来，仔细一睹松鼠的火红尾巴了。原来在自行车的后座上，一左一右绑着两根向后倾斜的很长的竿子，竿子上又绑着许多细枝，细枝上悬挂着火葫芦。火葫芦不只是红色，上下还配着两道绿色的花边儿。下面还吊着金黄耀眼的穗穗儿。我沉思起来：绿和黄不但没有冲淡红色，反而使红色显得更加强烈，更加鲜明。看来，制作火葫芦的民间艺人们，是很懂得点儿美学的辩证法的。

我看见干部模样的小两口，领着个刚会走路的孩子，给孩子精心挑选了一只火葫芦。孩子急不可耐地抢过它，那睫毛后面的小眸子，一亮，那脸蛋上的小酒窝，一闪，道尽了纯真的欢欣。

临近元宵节的那些天，西安城内城外，大街小巷，或行或站，几乎到处都在闪耀着松鼠的身影了，到处都是火葫芦了。每一只火葫芦都像一曲欢快的民间吹打乐，宣泄着瀑布般的激情。而在元宵节之夜，千万只火葫芦一齐飞上西安的南城墙，那璀璨壮观景象，实在教人开心。

　　由于这一层原因，虽然经过一个漫长的冬天，古城柳的初绿、花的新绽，似乎在我的心上再也掀不起什么波澜了。

　　哦，撩我情思令我舒心的火葫芦！

化 蝶

站在西安的钟楼下，看车流奔涌，人潮波动；看最新的时装——看帽，看衣，看裙；看胳膊挎着胳膊的情侣的优雅；看骑着摩托蓄着一脸大胡子的青年艺术家的无羁的浪漫；看餐厅，看发廊，看方便快捷的的士。这时候，你想到了什么？如果你是一个刚从偏远的农村来的老人，你难道不是在心里暗暗羡慕：这西安人哪，这西安人可把福享尽啦！

然而且慢，那边过来一个骑自行车的姑娘，她穿着时髦，化妆讲究，俨若从海外归来的小姐。她的家离这钟楼很近，就在紧挨着的西南边，一转弯就到了，那儿叫涝巷。你不妨跟着她随便到她家的周围和她的家里看看吧。这一看，你惊诧了，你惊诧得瞪大了眼，张大了嘴巴。你怎么也把这姑娘和这么差的居住条件联系不起来。这叫什么地方呀？要是放在农村，是连叫花子都不愿住的！你不能不动一个老农的恻隐之心了，便叹曰：唉！可怜西安人了！外面光，里面受凄惶啊！

是啊，里面受着凄惶。窄窄的、只可以通过一辆架子车的巷子，到处是污水和垃圾。横七竖八、挤挤挨挨的破瓦房。也有近些年才修起来的二层楼，但楼的一层却深陷于地面之下；地面之下还有许多破瓦房。进了家门，家里窄小得转不过身来。一个接了边的单人床，是哥嫂住的；一个架子床，下层挤着爹娘，上层的墙上贴了一些印着歌星相片的画页，不用问，那儿就是姑娘的栖身之所。一切物什都散发着一股潮湿的、霉烂的味道。

姑娘正在花季。然而，这屋里屋外，前后左右，哪儿可是她花枝招展的地方？

姑娘正在恋爱。然而，这屋里屋外，前后左右，哪儿可是她和情人相依相偎的所在？

姑娘快要结婚了。然而，她情人的家也住在这里，而且其住房条件也和她家差不了多少，这一对新人的大红喜字，可该贴在哪儿？

但是在目下这种日子，你为此焦虑、为此耗费感情是很不合时宜的！因为还有更为紧迫的事情。这些日子适逢多雨，而这儿地势低洼，一下雨，就家而不家了。家被淹在水里。家在风雨中飘摇。"床头屋漏无干处，雨脚如麻未断绝。"爹是退休了的中学教师，这是爹平时最爱读的诗，杜甫的诗。杜甫的诗就放在床上，床湿了，杜甫的诗也湿了——箱子湿了，面袋湿了，电视机湿了，心里急出热盈盈的东西，眼睛也湿了。湿了灵魂的窗户，湿了血肉的精密仪器——一切全湿了。而湿得最厉害的是鞋，是袜，是裤腿。滚滚的河。不露天的拍天的水库。澎湃在家里的汪洋大海。姑娘的乳罩漂在水上，如被风浪撕碎的船帆，刺目的惨白。门口筑起了堤坝，全家人如水手般动员起来，从早到晚，一脸盆一脸盆地往外刮水……

涝巷，涝巷，可真是涝巷啊！

谁说不是呢。这涝巷，原本就是和"涝"字连在一起的。相传，明朝洪武年间，兴修西安的钟鼓楼，这儿就在它们的近旁，所以就在这儿大量取土。这样，钟鼓楼修是修成了，这儿却低洼下去，流进雨水，形成一个很大的涝池；后来挨着涝池住了人家，有了巷子，巷子便得名涝巷。现在涝池是早已没有了，但是涝巷还在，"涝"还在。一下雨，巷子便涝了，涝巷便名副其实，到处湿淋淋的，到处是泥是水是沼泽了。

按说，像涝巷这样的低洼地方，该不缺水了吧？哪里！鳞次栉比 1500 多户住在这里，人丁黑压压 5000 多个，却只有三个自来水龙头，你想想！不过，平时紧张是紧张，倒还可以凑合；可是一旦到了三伏天，用水多了，为用水排队，但排队也没水！姑娘下班回来，黑汗水流的，想喝口儿，想洗洗；也饿了，想饱餐一顿；却还要跑上老远的路，去南院门挑水。"什么鬼地方！"姑娘便一边闪着担子，一边恨恨地骂。难道不该骂么？一个如花似玉的姑娘，被累得趴在床上了，趴在床上抽抽噎噎地哭。来串门的邻人自然知道，这儿不但缺水，其他方面也很困难。没有垃圾台。只有三个公共厕所。每天早晨上厕所简直尴尬透了。他不由一阵心酸，却自我解嘲地说："咱们真活成个人了！"他劝姑娘别哭了，姑娘不听。他便逗姑娘："看这孩子，咕涌咕涌的，像条毛毛虫儿！"

其实，整个涝巷就像一条毛毛虫儿，只被几幢临街的豪华大楼遮着，就咕涌在钟楼底下。烈日下，它痛苦地蜷缩，抽搐；夜深人静的时候，明月照窗，照床，照脸，照微微起伏的安睡的心，它便酷似心中抖动的瞎子阿炳的二胡，那二胡发出了多么凄楚的声音……

但忽然有那么一天，姑娘欣喜地跑了回来。那是 1992 年的一天吧。对了，天已凉下来了，是 10 月初的时光。那一天，姑娘气喘吁吁地跑了回来，一把关了爹正在看着的电视机，又一把搂住娘的脖子。爹娘猜不出有什么喜事，爹直眨眼，娘以手戳曰："疯丫头！"

娘又问："到底是啥喜事吗？"姑娘这才说："市上办十件好事，把咱们这涝巷也办进去了。要实行低改工程，要把咱们这低洼危旧房，折价拆了，平了，再盖起新楼，优惠价卖给咱们。"

爹娘既高兴，又多少有些不放心。这辈子经的事可谓多矣，惨痛的教训实在不少，谁知眼前这事儿，祸兮，福兮？可别到头来弄得鸡飞蛋打，连这总算可以当个窝儿的破房也抓不到手了。

一家人怀着复杂的、不同的心情，去开动迁大会了。会场在东风剧院，涝巷的好几千人都坐在那里。房地一分局的领导们坐在主席台上，市长亲临大会，在主席台上谈笑风生。

口很渴，姑娘出去买了些汽水，给爹娘兄嫂一人一瓶，自个儿也喝起来，并说："会后还放电影呢——《一网打尽》。""什么什么？""《一网打尽》。"爹娘的心便抽紧了。细心的姑娘看出来了，问娘，娘说："什么不能放，偏偏要放个《一网打尽》！""娘这又不是迷信了？片名嘛，有什么关系！""反正不是好兆头！"爹的脸色也不好。

但随着局长的讲话声，爹娘的心却逐渐松动了，而且逐渐心潮起伏，而且逐渐笑逐颜开。

他们静静地听着。

局长又讲了一句。

哦，刚才，就是刚才，局长说了句什么？不是"保证18个月回迁"么？是呀！一听这话，全场欢腾起来，爹娘欢腾起来，姑娘更欢腾起来。但唯恐是梦，是风，是一片虚空。不，响当当的声音刚刚落地，怎么会是呢？但这样耐听的声音怎么能让它一下就溜过去了？"再说一遍！"全场高呼。"保证18个月回迁！"局长放大了嗓门，又说了一遍，并且把手臂用力一抡。这一抡无异于扣响了春雷，掌声抛掷起来，经久不落。

要放电影了。"娘，你还看吗？""咋不看？""放的可是《一网打尽》呀！""网再大些，连你北关舅家都打去才好呢！"于是，笑的红花，便顺着娘的脸，爹的脸，姑娘的脸，兄嫂的脸，呼啦拉开过去了。

当天晚上，动迁组进了涝巷。十几天以后，搬迁得如火如荼。到元旦的时候，已经是三通一平了。

速度无疑是很快的了，但谁人知道，它却倾注了一分局干部们的巨大的劳动，无数的心血汗水。动迁组每天都要忙到夜里12点，好些人不出几天就掉了七八斤肉。一分局的一个副局长担任总指挥，他进点前刚从东仓门拼搏归来，并且刚刚作了手术，喉头还严重水肿，却又上火线了。那当儿，他仍然需要去医院打吊针，不过，一打完，他就马上返回工地。但面对他的，是政府不拨一分钱；是数不尽的问题、纠葛和扯皮的事情。然而，为了老百姓的企盼，他知难而进，不屈不挠，挥汗如雨。十多天过去，他的头发全部脱光了。一个浓发倜傥、风度翩翩的中年领导干部，转眼间成了一个十分滑稽的笑星般的光葫芦了。

姑娘的家虽然临时安置在别处了，但他们无时无刻不在关注着工地。他们很快知道了这种情况，他们感动万分，娘说："现在这号干部，不多。"爹说："真共产党！"姑娘说："咱们送面锦旗去吧！"大家一致赞成，就让哥哥上街买了一面锦旗。

一家人捧着锦旗，来到工地指挥部的楼上。原以为这面锦旗会十分显眼地挂在指挥部的楼上，却谁知，指挥部的楼上楼下早已是锦旗的海洋。"一、二、三、四、五……"数吧，数到五六百了，还有。而且有很漂亮的，很大的。最大的，足有一丈长啊！相比之下，他们送来的这面锦旗太小了，太寒酸了，简直无地自容。姑娘赶紧把锦旗卷起来，悄悄拉爹："爹，咱们另买一个去吧。"但姑娘的话早已被工作人员听见了，马上前来劝阻。爹只好拉住工作人员的手，说："真不知该怎么感谢你们！"他们还想向总指挥表示感谢，可总指挥那里围着一堆人，正忙着。大热的天，他的头上却扣着顶牛仔帽。为了咱早日住上好房，他拼死拼活，把头发都拼光了啊！老人们的眼睛便潮潮的了。

工地上开始砌砖了。姑娘过几天就来看一回。有时逢上没多少事情，爹娘兄嫂也来。看一回一个样子。但临近竣工的时候，配套设施，诸如供水供电等等，却遇到了极大的障碍。大家正在着急，市长知道了，他亲临工地，现场办公，终使问题迎刃而解。到了1994年冬天，一幢幢配套设施齐全的大楼完全落成了，可以回迁了。

那是一种什么日子啊！1500多户人家，家家都像过节，到处鞭炮声炸响。携全家，去看好楼房；扔破烂，购置新家具；雇工人，客厅细装修！

汗流浃背，手忙脚乱，忙得高兴，笑不住口。这边喊，那边应。老街坊遇在一起，"大伯"一声，"小哥"一声，都是那么欢乐。说着说着不由瞅瞅高大的新楼房。瞅瞅看看就是享受，就是幸福。谁不说政府干了一件功德无量的事情啊！

终于，回迁的汽车开来了。姑娘坐在驾驶室里，思绪如彩云纷飞。迁出的时候，窄窄的巷子，只能艰难地使用架子车；现在回迁，大路多宽展，载重汽车隆隆响。迁出的时候，望一眼多年住的贫民窟，勾起多少辛酸的记忆；现在回迁，马赛克贴面的新楼好气派，憧憬无限心中生。而更高兴的是，不但家里有了宽大的新房，而且凑巧哥哥在单位了也分下新房了。这样，她办喜事的新房就一点也不用发愁了，并且绰绰有余：爹娘为她准备下了，婆家也为她准备下了，左右逢源，八面来风，锦上添花。问这街上来来往往的父老乡亲，你们也有过青春的时候，办喜事的时候，可你们谁人可曾有过这样的超级的优越条件？

不几天，家具摆好了，窗户擦净了，液化气炉子放妥了。一家人喜滋滋地坐在沙发上，看着这两室一厅，看着这宽敞明亮的住宅，品味不尽。风从窗口吹来，吹欣喜的脸，吹幸福的心，吹欢乐的谈论之声。风哗啦哗啦地翻开的是什么？哦，杜甫的诗。但眼前晃动的不再是"屋漏"之类的字眼了，而是"广厦""广厦""广厦"。使人想起杜甫的哀叹，无数代子孙的希冀，艰辛，苦难，奋争。但现在，改革开放的年月，说快也快，哗地一下电闪，几乎来不及看清变化的过程，人已住在广厦之中了。伟大的人道主义诗人啊，你可以展开愁眉，畅怀豪笑了！

姑娘趴在阳台上，一片美景尽收眼中。当年的涝巷已不见了，代替它的，是幢幢美丽迷人的楼房，是有着马赛克彩色壁画的童话般的小学，是整齐的纵横交织的街道，是姹紫艳红的花园。姑娘情不自禁地欢呼："咱们涝巷可真漂亮啊！"

但"涝巷"这两个字，没过多久，就没人再叫它了。因为当年的涝巷，当年的毛毛虫儿，已化作一只美丽的蝴蝶了。说什么庄周梦蝶，梁祝化蝶，那些都太虚妄了，唯有眼前才是真的。摸得着的建筑摸得着的蝶。而很凑巧的是，它的外侧，临着南大街的街面，原来就有一座被称作蝴蝶楼的建筑。蝴蝶楼上画着一个蝴蝶的图案。它好像早已在预示着这儿要变成蝴蝶飞舞的地方了。现在，那蝴蝶就高高飞着，飞在钟楼近旁。翩翩，翩翩，翩翩，翩翩翩翩翩翩与金碧辉煌的钟楼交相辉映。与姑娘的笑脸相映。与爹娘兄嫂左邻右舍的笑脸相映。"涝巷"这个地名，已经像搬家时扔破烂一样，扔入历史中去了。钟楼脚下从此表里一致了。里边完全可以和外表相媲美。如果再走来一个人，如果他仍然是一个老农，那么，他将会产生什么感想？相信他将会说：就让我今夜睡在这院里吧；睡在这院里，干净，清爽，比在家还舒坦！他分明看见体现着城市文明的蝴蝶了。而蝴蝶载着自豪的城里人飞舞。当年愁眉苦脸的涝巷众街邻，今日变得多么开心。翩翩，翩翩，翩翩。多美丽的蝴蝶啊。翩翩，该把它称作什么呢？

在大家的一致要求下，市长亲自给它起了一个名字。

那名字正从姑娘的唇间飞荡出来，带着琴声诗韵，像流行歌曲一样好听。

——钟楼小区。

问　候

　　好像有一双神秘之手推开了曼哈顿的繁华和嘈杂，一座巍峨的巨碑，独享着酣甜的幽静，高耸于白云蓝天，了无声息。碑是无字碑，任半个世纪的海风频吹，也剥落不下其上的一丝一毫的意思。碑下，万紫千红的野花烂漫地盛开着，簇拥着，播散着清香。是谁说，是谁说那是旗呢？

　　但它们是旗，是象征了全球100多个国家的尊严的国旗。而那无字的巨碑，应是我们所生活于其上的这个茫茫大块的化身了，化身脱胎于旋转的地球，凝固为立体的长方。球形和薄而长的立方形，作出了绝唱般的转化。

　　但我站在这伟岸的巨碑下面的时候，仍然不由自主地将它还原为圆，还原为浑圆，还原为圆球，还原为生机勃勃的我们的地球家园。它的上面，是有群山的雾岚的，是有大海的浪痕的，是有森林的鸟韵的，是有新城和废墟、欢笑和眼泪的气息的。如果有一双慧眼，就会看到举凡我们这颗星球上的一切，在它上面都有显影。那显影或为浩歌勇进，或为艰难地跋涉，或为炮火硝烟，或为频频碰杯。而显影的里面，透过大理石的厚墙，隐隐绰绰看见的便是坐在会议厅的各国的代表们了，他们的表情时而震惊，时而欣慰，时而沉思，时而唇便是枪，舌便是剑，在争，在斗，在申辩自己的正理或者歪理。

得道者多助，正理总是赢得热烈的掌声。

它消解了许多危机。它维护了全世界爱好和平的人们的心愿和利益。它对整个人类是有不可磨灭的贡献的。

我是万里迢迢自东半球而来的。记得出发的日子，我肩披我们古老神州的明艳阳光，脚携我们古老神州的缕缕土香，当然更主要的是，我带着我的父老乡亲们对它的深深的祝福。我胸中充溢着一种庄严的心情。但此刻，当我听说游人都可以随便购票登临并可以旁听会议的时候，我觉得它虽然伟大却是一个谦谦君子，于是忽然全身放松了，我对它生出一种比庄严更美好的亲切感。面对它，我就像面对我的家乡陕北的一架山。那山上是一个村庄。村庄里的村长，电视上常见的，黑黑的脸膛，短发和胡子都花白了，一个忠厚沉稳干练而又充满智慧的长者，他叫安南。

大西洋是山下的一条小河。

我于是想站在小河边，仰着头，望着那高高的山坡上布满窗户的村庄，一声一声地吼叫："噢——老安——！噢——老安——！"我想如果真是在陕北，只要我这样喊上三声两声，总会有村里的娃娃或正在推碾磨的婆姨们听见的，他们立时喊村长去了，村长老安不久便会出现在他的窑门之前，向我应声，问我有什么事。那时候我便会说："也没什么事；只是我临走时，我叔和我哥他们，千安顿万安顿，叫我问候你一声。我们都祝你工作顺利，阖家幸福！"

可是我终于没有。这儿毕竟不是陕北的山，不是陕北的村庄。安南也不是一个村庄的村长。

我不能把我们中国乡野的粗犷民风带到这儿，我不能干出令路人瞠目的事儿。尽管我如果那样做，完全是出于一种真挚淳朴的美好感情。

然而，我的心意已经到了，我感到极大的满足和愉快。

我依依不愿离去。我久久地望着这巨碑般的联合国总部大楼，然后，平静了心绪，为了一种纪念，从各个不同的角度，照了几张相。末了，还是在心中忍不住地默念：镇日为和平而奔走操劳的联合国秘书长安南先生啊，一向主持正义的国家的代表们啊，请你们保重，保重！

一天残照光芒四射，照得大楼有如包上一层黄中泛红的金箔，分外壮丽。大楼的一侧，几只海鸥优雅地飞翔。

夏夜精灵

　　暑气正随夕阳离去。月亮带着湿润和清凉，正从我们住着的山头慢慢升起。不管是我们的白人邻居还是亚裔邻居，他们都像我们一样，正在灯下吃着晚餐。这时候，沉寂了一天的虫子，突然，唱起来了。

　　起先好像是在调弦试音，好像还有点儿害羞，总之，唱出的声音是滞涩的，缺乏光彩的，而且相当拘谨，接着，就唱得非常圆润非常动听了。

　　起先好像只是一只两只，接着有了三只五只的回应，继而，十只二十只，八十只，一百只，千千万万只，只只唱和，只只不歇，直把整个山头，唱成了一座歌声连天的音乐世界。

　　起先曲调很简陋，很单调，除了"咀——咀——"，还是"咀——咀——"，接下来就不一样了，有的"唧格，唧格"，有的"唧唧令，唧唧令"，有的"� 哑哑哑哑哑哑"，有的"格哩哩，格哩哩"。有的低吟浅唱，有的纵情高歌，有的，像唱着调皮的谐谑曲。真是旋律各异，流派纷呈。

　　被虫子们的精彩演唱所诱惑，我再也耐不住了，三口两口刨完碗里的最后一点儿米饭，与妻子拉了宠物犬牧牧，匆匆走出门去。

　　妻子说："嗬，今晚月光这么好！"

　　是的，月光好极了，还有一丝两丝的风游来游去，草尖上闪着颤颤的露珠。但对我来说，它们仅仅是一些可有可无的背景，一些无关宏旨的陪衬，在这里，我倾心的焦点只是虫子的歌唱。

在我的内心深处，虫子的叫声不但美，而且有着十分重要的内涵。生活在这远离故国的地方，由于人家都讲英语而我不懂英语，和任何邻居无法交流，感到非常憋闷。而虫子不讲英语，这儿虫子的语言和我们中国的完全一样，我句句听得懂听得动心。并且我惊喜地发现，虫子也仿佛乐见我，它们仿佛为我的来到而举行盛大的艺术节。那么，就让我在这清风明月之中，怀着一种至纯至真的美好心绪，尽情享受乡音似的艺术的爱抚吧！

啊！——

真是每一家的台阶下都有虫子的音乐会。真是每一步路上都有虫子的琴声和歌声荡漾。真是每一块石头下都飘出欢乐之声。山野草际间，无处不是乐池，无处不是舞台，无处不展露着艺术才华和生的喜悦。

我一边走一边默默赞叹——

给小路镶了花边的虫声啊！

又密又厚铺满了房前屋后的虫声啊！

大潮一样在山上喧啸澎湃的虫声啊！

热烈、自由、浪漫和慰我乡愁的虫声啊！

据说这儿会振翅而鸣的虫子有好多好多，仅类似蟋蟀的就能数到七八种，如墨蟋，金铃子，油葫芦，等等。然而它们全都是只闻其声不见其形。现在，在我们跟前叫得这么清脆的是什么虫子呢？我和妻子很想知道，牧牧亦然或者更甚，它不待我们弯腰察看，已经蹑蹄蹑爪地侦察着了，继而将头伸向草丛，屏息搜寻。不过，虫子却像魔术师一样，已经跑到那边叫了，但牧牧追到那边我们刚追到那边，它却又返回到原来的地方。后来，我们又追，这时候它不但跑，而且变换着嗓门进一步挑逗我们，粗一声，细一声。哦，这淘气的东西，夏夜的精灵！

这一晚我们在外边走了很久，待了很久。返回家里的时候，满身心都是难以言状的愉快。我开了卧室的灯，瞥见白色的地毯上有一个什么黑黑的小玩意儿，好像是纽扣之类的东西。弯腰一看，竟是一只蟋蟀。哦，只闻其声不见其形的虫子啊，它知道我因为不能一睹它的芳容而很有些遗憾，现在，它终于撵来向我展示着它的丰采了！它拢着黑得起明发亮的腿和翅，静静地趴伏在那儿，似乎在等待我向它发出一声动情的欢呼。但当我的欢呼声刚刚响起的时候，它却猛然弹起身来，一跳一跳地跳出屋门，又沿着楼梯跳下去了——跳下去发出一声美丽的短吟。

妻子催我睡，但我兴奋不可自持，遂坐于台灯之下，电脑之前。于是，虫子又在我的键盘上鸣叫了。

跑　藤

　　"春种一粒粟，秋收万颗籽"，这是人世的基本道理。可是我们种了些大蒜，不知何故，施肥浇水地折腾了好几个月，结果刨出来一看，一个个蒜头竟小得让人哭笑不得。它的分量丝毫不曾增加，我们只是改变了一下它们的形状：下种时如月牙，现在变成球形的了。咳！

　　我们还种了些西红柿。西红柿的生长期也像大蒜一样漫长，但它却没有让人失望。等到时间它就开花了，结果了，而一旦它的果实开始红了，那真是争着抢着地红，让你不知该摘哪个是好。

　　最好种的应该是小白菜了，种子撒下去，只要没有病虫害的侵扰，它宝石般的绿，一个月就可以在炒锅里轻歌曼舞了。收了一拨又一拨，真叫人喜不自禁。

　　瓜类是很有特点的作物，我们种了两个品种的南瓜，还种了几棵瓠瓜。南瓜出苗之后，起初是两片叶，接着有了三片四片，一直到了五六片，欢跃活泼；却只是慢悠悠地长着，个头总不见大。可是有一天，我们发现它的头上生出藤蔓了，而就在这一刻起，它开始猛长了。那藤蔓简直是在牵着它快速奔跑。我们后来知道，这就叫跑藤。据说西瓜也是会跑藤的，但对西瓜来说，跑藤是一件很糟糕的事情，预示着结不好瓜或者根本不结瓜了。而南瓜的跑藤却大可不必紧张，我们只给它掐了掐尖，让它有所节制就好了。实际上南瓜跑起藤来，还是一道难得一见的好风景呢，你看它们棵棵都在跑，并且一边跑，一边开花，一边结瓜。这时候欣赏着它们，就像读着一首好诗或者一幅好画，我们的心里不由不充满着快感和喜悦。

有一天，忽然发现在西红柿的旁边，又长出一棵秧苗了，看那叶子，无疑是一棵什么瓜了。我们在这儿并没有种瓜的，大概是什么时候无意间将瓜种遗落在这儿，才让它获得了一份生命。心里怀着对它的疼爱之情，每当我们给别的菜们浇水的时候，也不忘给它浇上一勺。

但我们难以断定它到底是南瓜还是瓠瓜。由于这样，很自然地，我们非常留意它下一步会怎么发展。如果是南瓜，也想搞清它究竟是哪种南瓜。

它终于长大起来，并且开了黄色的花朵，接着，花朵下面又膨出瓜蛋蛋了。我们仔细一看，哎哟！它既不是南瓜也不是瓠瓜，出奇了，它竟是一棵冬瓜！

我们不能不在心里思谋：它的种子是风吹来的，还是鸟屙下的？反正太好了，它是一棵飞来的瓜呀，正好填补了的我们菜园里的一项空白。

于是，我们精心地关照着它了。

我们注意到，和南瓜极为相似，在生出藤蔓之前，它长得很慢，要静静地在那儿呆上好多天，但一旦生出了藤蔓，它的生长的态势就不一样了。它充满了蓬勃向上的力量。它的藤蔓总是探出身子四处窥测，寻找，试探，总是悸动着，转动着，躁动着，没有一分钟是安分的。我于是隐约意识到，将有一件什么事情要在它的身上发生了。而对南瓜的跑藤了如指掌的老伴说：跑藤在即！它是在做热身运动了！果然，它第二天就开始跑了。

那是一场别开生面的跑呀。

你看，它飞跑向前的藤蔓，姿势优雅，有如运动员长跑时形成的前倾角。如果把时间稍加浓缩，你便会看到，当遇到一道塄坎的时候，它一跃而过，然后就高举着一朵金色的花儿犹如奏响着凌厉的号角，一往直前。它起先只有五六片叶子，不久就变成十几片了，十几面绿旗在风中飘扬。此情此景，恐怕只有"浩浩荡荡"这个成语才可以形容。又不久，它就冲向西红柿，只见它踩踏着西红柿的茎，挤压着西红柿的叶，碰撞着西红柿的花和果，更不理会途中的野草杂花们会有些什么感受，脚不点地地一路跑过去，跑过去，不知疲倦地跑。

它本来只有一个头，可是几天之后，它就变成了好多的头，每个头都弓起在空中，转动如巨龙之头，长在上面的细而灵活的卷须自应是龙须了。它们展开了跑藤的竞赛。它们齐头并进，互不相让。它们一边跑、一边张叶、一边开着雄花雌花并且一路结瓜。它们好像是比谁在这世界上活得更加精彩。

我们每走到那儿，下意识里，就像上了运动会的看台。我们在心里向它们欢呼，鼓掌。而它们好像也受到了鼓舞，劲头更足了。到了一堵大墙边的时候，几乎是在一夜之间，嗖地一下，它们都攀上去了。

待大墙绿遍之后，它们又蜇转身跑至地上。它们似乎调整了速度，时而慢跑，时而有如散步。看来它们需要积蓄新的能量。它们比的是坚韧的意志和持久的耐力。

没过多少天，它们的叶子已今非昔比，蔚为壮观，数都数不过来。粗略估计，起码达到三四百片了。夏日的烈日照晒下，三四百片叶子就像三四百支举起的伞，给西红柿们遮着阴凉。而在风雨中，有的西红柿要跌倒了，是它们又急忙伸出卷须之手，把它搀扶起来。

而有的西红柿似乎在它们身上学会了自强,硬是拨开了它们的叶藤,另创天地。

感觉里,跑累了的时候,它们便蹲下休息。一颗颗冬瓜就是它们蹲着的形象。蹲下五六个壮实后生。它们身上遍布着的密密汗毛,好像随着它们的呼吸声微微颤动。不知这些相距不远的后生们,隔了片片叶子,在谈论着些什么。

这时候我们看了看它们的根。我们不能不为之大吃一惊。记得两个月前,那根长得多细多弱呀,可是现在,它已壮如黑绿色的钢铁的缆绳了。我们就给这根上施肥。我们一边施一边望着它们的藤蔓和叶片。我们惊喜地看见,不知不觉间,它们已覆盖了少半个菜园,而且,其前进的脚步已经深入到了院子里的水泥地面。

世界上有许多跑,比如跑×,跑××,等等,都是为了某种目的和利益。它们则不是,它们好像只是为了以自己的奔跑彰显生命应有的强悍和洒脱。

由于它有追逐阳光的习性,在跑藤的途中,它的藤和卷须,是随着地球的旋转而旋转的。在万类生命之中,它虽只是小小的一芥,但你从它的动作上,却可以感受到宇宙的节奏和律动。它和宇宙间的茫茫星云息息相通。

种 枣

那年，在北京待着的那些日子，我的心上忽然萌生出一个欲望，那欲望强烈而顽韧，最后因为困难太大，只好撒手，弄得人很有些郁闷。

那欲望是什么呢？

栽一棵枣树。

世上的树那么多，为什么偏偏想栽一棵枣树呢？

当时好像根本不曾想其所以然。后来终于明白，那是深潜于心中的乡愁在翻滚回荡。

我是陕北人。

可以说，每个陕北人都与枣子结下了一世的尘缘。不是吗？当世界上还没有你的时候，你的父母正在举行婚礼的时候，枣儿就被吟唱着为你祝福了："对对核桃对对枣，对对儿女满炕跑。"到你懂事起，枣儿就成了光景中不可或缺的角色了：中秋节，枣儿刚成熟，有的全红了，有的还只是半个红脸蛋，都是脆甜脆甜，用它和月饼瓜果一同敬献月亮；腊八吃枣儿焖饭；一过腊月二十三，家家做糕，做油馍米馍，糕里往往有枣糕，而米馍离了枣儿就做不成。接下来，清明节做枣馍馍，枣山，端午节做枣儿粽子。过了端午说是没枣儿了，但当孩子们饿极了的时候，妈妈或奶奶往往却会出奇地从大缸里摸出几颗来的。后来你长大成人，假如长期出门在外，家里捎来新鞋时，里面总不忘填几颗枣子。

陕北民谚说：千年松柏万年槐，不知枣树何处来。好像枣树的与人为伴，既轻松又诡秘，一如山上的野草和河里的石头一样，完全不曾有人工的参与。此话自然有些浪漫和夸张，但却真实的道出了枣子的易栽易活和顽强的生命力。因而枣树几乎遍布于陕北的千山万沟之中。到了枣子成熟的季节，整个陕北就像把珠宝箱打开了，到处是绿的翡翠红的玛瑙，到处异彩闪闪香气四溢充满着欢乐的气氛。欢乐的是男人，他们上地时不忘摘吃一阵；欢乐的是婆姨女子，她们的手里打枣杆不停；欢乐的更是像我的童年似的那些大小娃娃，他们似乎竟被千年前的大诗人杜甫看见了，杜甫写道："庭前八月梨枣熟，一日能上树千回！"那画面，我记忆犹新。我上初中时迷恋上了诗歌，几乎天天都要写上几句，当然都是习作了。由于枣香对我的沁渗，那时我所发表的第一首真正可以称之为诗的诗，写的就是枣，记得其中有一句是："红袄姑娘上树了，好像一颗大红枣。"

陕北最好的枣都长在黄河畔上。有一种说法：凡是听见黄河水响的地方，枣儿就赛过灵芝。延川、延长清涧等地的枣儿都是很有名气的，它们都靠着黄河畔。那些地方对我都是极大的诱惑，我因之在那些地方特别是在延川，曾经踏下了无数歌样的脚印。而最让我感到美好甚至是震撼的，是在佳县的一座山顶上的村子。在那儿，我看到村边的断崖上，裸露着许多鹅卵石。原来，在遥远的亿万年前，黄河真是远上白云间呐，它就在这村子的所在地流过。就是在这里的四山，密密枣林就像仙女撒下的绣花罗帐。即使在村子里边，在庄户人们的院落，挂着枣儿的枣树也无处不在迎风摇摆。最奇的是，烟囱边也生出枣树，厕所里也生出枣树，甚至整年碾米碾苞谷的碾道边，牲口蹄蹄稍稍踩不到的地方，竟也长出枣树了。

有的枣树的高低粗细就像小吃摊上的一次性的筷子，上边却已经吊着两三颗红艳艳的块头足可以和任何枣子比肩的大枣子，让人惊喜让人爱怜。

细细想来，这随处可见的，奇特而香甜如仙物似的枣子，在我的潜意识里，已经成为我们陕北的最可爱的文化符号了。

在北京未栽成枣子，我怎会甘心死心，所以时不时总会想起这件事情。后来到了异国他乡，由于根本没有枣树，甚至连枣树的亲戚酸枣树也渺无踪迹，我只得逐渐苦涩地放弃了这个想望。

一日逛农夫市场，忽然眼睛一亮：铁样的干，碧绿的叶，好像还挟带着陕北清晨的露水珠儿，啊！我可见到枣树苗儿了！卖主是一个华人。他卖着一盆一盆的好多种树苗，但枣苗只有这一棵了。我激动地连价钱也没有问，生怕被别人抢去，就一把揽在怀里，兴冲冲地买回家来。

多少日子了，我从来没有这么高兴！

栽枣苗的时候，我认真极了，无异于举行一个隆重的仪式。坑子挖了又挖，只怕枣根伸不开腰腿，受了委屈；肥料称了又称，只怕多了烧坏苗儿，少了营养不良；苗栽得很端；水浇得极透。为防被风吹断，就在两旁栽两根保护杆。第一根栽起来了。栽第二根的时候，杆子戳下去，忽听噌地一声。我想坏了坏了，戳到根上了，肯定把一根侧根戳断了！我懊丧得犹豫了片刻。但想，还得往下戳，不然，栽不牢，不顶事；但想，倒霉事不至于再碰上了。于是又用力往下一戳，啊呀！结果又噌的响了一声！哦，那杆子就像戳到我心上了，我的心都快要流出血来了！因为这个，这天中午，我连饭都不想吃。

以后，我天天看枣苗会不会受到大的影响。反正长得不旺。叶子掉了好多，显得死蔫蔫拉的。接着寒风吹来，叶子都掉光了，成了生意全无的光杆一条。整个一个冬天，我都忐忑不安，总是担心它能不能成活。

春天了，桃树发芽了，我看看枣，它没有动静；柿树发芽了，我又看看枣，它依然纹丝不动。那些天，我简直是把心提到嗓子眼上了！后来，直到桃花已经开得灿灿烂烂，枣的树干上，终于蓦然露出了一星嫩黄，就像蓦然睁开了眼睛。哦，它活了！因了这，整个一个春天我都处于兴奋之中了。它这一年尽管缺乏勃勃生机，却还开了不少花，结了不少枣。遗憾的是，它后来老是落果，最后留在树上的枣子，竟金贵得只有两颗。我到网上查了查，其原因可能是，在漫长的开花期，我没有给它追施肥料。

接受这一次教训，深秋，我对它修剪了一次。说是修剪，其实只是打了个顶，因为树几乎还没有多少旁枝。打下的顶大约有二尺多长，我随手就将它扔到垃圾桶里去了。睡到半夜，忽然想到，扔了的枝条能不能扦插呢？立即推醒老伴，老伴兴致很高，说：赶紧出去把那枝条捡回来，否则，第二天一早，就会被环卫工人倒掉了！我于是披上衣裳，跑到空无一人的街道边，从垃圾桶里把那枝条捡回来，并且立即泡在水中。第二天一早，我们既贪又狠，竟把那不长的枝条截为六段，全都扦插在土里了。孔老夫子是食不厌精，我们是枣不厌多啊！

又是一年春天到。我是两头跑着看，一看扦插的枝条活了没有，二看枣树发芽没有。忽然有一天，我发现扦插下的那些枝条上，有一枝，有一枝的枣刺边，沉寂的紫红中，居然有了一丁点儿（大概只有针尖大小）浅浅的颜色。我叫来老伴看。老伴眼空无物。其实我的眼神不一定比老伴好，但我对此特别敏感。我坚信我的发现。我天天挂牵着那儿，所以总是跑来跑去。女儿嘲我道："爸爸拧来拧去总是不停，像跳葫芦笙舞呢。"一到那儿，我就俯下身子瞅着，专注若天文学家观察着一个刚诞生的天体的运转。尽管后来老伴戴了老花镜依然眼空无物，我却确实发现它在缓慢地变化着。我发现它渐绿渐大。我为这个令人振奋的情况而半夜常常醒来。而这情况，在此刻的世界上，是只有我一个人独独发现了的。我独享着极大的喜悦和慰藉。

看那头，枣树腰间的一个短枝上也发芽了。而且，只过了短短的三四天，抬头看，树梢上也有了点点绿意；低头瞧，一条侧枝上也有一星绿意泛出。而似乎只在这抬头低头之间，那枣的腰间的短枝上居然长成了碧绿的一簇，而那已经不再是芽子了，而是叶，甚至还迸出成十条嫩枝来，叶就攒集在那些嫩枝之上。而好久不曾留意的事情是，树干竟也壮了一圈！

一天，老伴终于也欣喜地看见扦插枝上的芽子了。就在她看见的时候，我在那枝的上端，呀！又发现了一丁点儿绿星星。

我所扦插的六小段枝条，尽管只活了一段，也教人喜不自禁。这就是说，我们的院子已有两棵枣树了，一高一矮。高的我伸手都够不上树梢，低的呢，我只有蹲伏在地上才可与它交流。看见它们，我仿佛是听见了延河的唱着流淌和看到了那片土地的美丽可亲的律动。我知道枣树还可以断根繁殖。扦插今年肯定还要进行，我心里充满了美好的憧憬。我想总有一天，我院中的枣树会像佳县山顶上的那个村子那样，长得到处都是。我想我的枣树中，也会有那么几棵，高低粗细就像一次性的筷子，上边却都吊着两三颗红艳艳的块头足可以和任何枣子比肩的大枣子。我想它们便是我灵魂的最幸福的依附。

踏海行

那是一艘连着一座大厅的船，船下是夏威夷的口岸，口岸连着太平洋浩渺无际的水天一色——经过严格的安全检查，我们向船舱走去。

但我分不清我迈动着的脚步，是还在大厅里呢，抑或已经到了船上。

"已经进船啦！"

我疑疑惑惑："是吗？"

不管我信不信，人们好些信了，好些说当真是进船了。

虽然远远看见这船这邮轮的时候，我很为它的庞然外表所震惊，但当我走进很可能是它的船体的一刻，我还是为它的别异巨大的内里惊得啊啊地吼叫了两声。

这哪里是船？这怎能叫船？我们是不是进错门了？

脚步迟疑的我，搜肠刮肚地检索着关于船的记忆。

我小时候第一次接触船，是在中国当代史上名声显赫的延河之上。之所以说是接触，因为那船是两艘拴在一起当桥用的，上了船，船不走，人走，但也多少有些坐船的意思。后来才算"坐"了一回船，是去上海的途中，从长江的北岸到南岸，这回虽然是船在走，我不走，但是我和船并没有亲密接触，因为我的屁股还隔着汽车的座椅，汽车才挨着船体。改革开放后我还"坐"了一回船，是在西安的新庆公园，但正确地说，那只是在湖心里拿着双桨和孩子们玩玩而已，嘴里哼唱着乔羽和刘炽创作的那首红领巾歌曲，心里唤起的是京城的白塔。我的真正坐船，是在后来，一是在从青岛到烟台的海上，那是较大的机动船；二是在天津的新港，那是疾驰的军用快艇。当然我也从图书上影视里看见过大型的军舰海轮，但是，现在看来，所获得的印象仍然难比亲眼一见。

后来我终于知道我真的是已经进船了。我兴奋我吃惊。你看这巨型邮轮，它完全是一副豪华酒店的模样！宽阔的服务台，灯火辉煌的大厅，根根圆柱，层层楼梯。我们一家提着大包小包，进入走廊了。好长好深的走廊！哪座酒店有如此长如此深的走廊？它竟如一条幽深的山谷，那至远至深处，晃动的人影竟活似一件人的补养品，一根小小的人参。

终于气喘吁吁地走到头啦，却不料，这哪里是头啊，一转弯，又是一条长廊！

但正如天下没有不散的宴席，天下也终于没有走不完的长廊。

"嗨这长廊好长！"我们进了早已订好的房间，我还这样想着。同时高兴地看见房间宽大，阳台上摆了三四只座椅和五六只躺椅。我们就赶紧坐下躺下，欣赏美丽的海景。夕阳正好，海风不大。海水翻着均匀的细浪。大船小艇，来来往往，大的有两层高的，三层高的，有的还载了不少汽车；小的多悬着风帆，有的至小至小，侧面看去，仅若一条扁担，让人想起古中国的不朽经典《诗经》，想起"一苇可航"的那种小巧妙趣。

累了，我们全返回房间休息。

忽见一片钢铁的黑云挤至窗前，移动于窗前。黑云翻墨，黑云压船，钢铁的黑云翻墨压船，黑云滚滚钢铁威逼人欲摧。定睛看时，却是一架山，一架移动的山，威风凛凛地从窗前擦过。再细看，那山的前端仿佛是圆柱形的岩石的山峁，山峁顶端还仿佛修了几层拱绕着的花岗岩的梯田。但这一切还未看清，却见它的后面牵连着一脉啸叫的绵绵山系，那山系已雷声滚滚地驰走而去。留在心头的，是巍巍，是峨峨，是峰峰入云峰峰壮观。上面应有松，应有风，应有雄鹰之窠云雾之库。上面还应像我们中国的西岳华山一样，有一座老君的下棋亭。那儿应是仙袂飘飘。

我们急忙跑至阳台。那山系一样驰过的，是一艘令人心跳令人叹为观止的邮轮伊丽莎白号。与它相比，不用说刚才游弋在海上的那些小船了，即就是那些所谓大船，即就是载了汽车载了货的大船，都太小儿科了。它们无异于幼儿园的小车小马小玩意，或者是蚂蚁眼前的几片草叶而已。

我立即想到，我虽看不到我们所乘坐的骄傲号的形象，但这威风凛凛的伊丽莎白号是一面镜子，已经映照出我们的邮轮也有同样的威仪。我后来得知，我们所乘坐的这艘骄傲号，船长 920 / 6 尺，宽 105 / 6 尺，吃水深度 26 尺，高 13 层，工作人员 1000 余人，可容旅客 2146 人。我后来还和家人一起遍游了这个邮轮。它有篮球场，运动室，游泳池，图书馆，会议厅，剧院，仅餐厅就有 13 间，有的餐厅可容千人，任你选用。我们曾走上巨轮的高层游览，走着走着，看见老远的岸上好像朦朦胧胧地有一个球形建筑，走近了看，那建筑却是还在船上，大约是船的水箱。又一天又在那高层的另一面游览，那是夜间，五六级的海风正在呼啸，扬起了我们的衣衫和头发，我们以为攀到最高层了，猛一抬头，却还有两层矗在上面，顶端是一盏灯，灯光在海风中如旗的活泼。

而此刻，我看见，在缓缓前行的伊丽莎白号巨轮之上，在它的甲板上，阳台上，树林一样的乘客向我们挥手致意："啊——罗——哈——！啊——罗——哈——！"我们也还以问好（我与孙女岸玛比高低）："啊——罗——哈——！啊——罗——哈——！"一时间，茫茫洋面，苍苍天空，远远近近的雾蒙蒙的大山小山，都震响起春雷滚滚的回音。

山在行，船在行，绵绵山脉在行，伊丽莎白号在行。悬在半空的夕阳在看着整个海洋。呼啸中，巨轮霸气十足地挡住了夕阳的视线。而夕阳似乎也不示弱，立即给它、给它的甲板上和阳台上所有的人，都似乎泼去了一腔的气愤、一腔的怒，但适得其反，夕阳做出的竟是一件适得其反的美容之举——伊丽莎白号因祸得福有了红色的边红色的轮廓，所有的人都因祸得福有了红色的边红色的轮廓。恍惚中，似乎有一个声音在唱：直的曲的红线条，红的线条红轮廓，红的轮廓绮丽的美，美轮美奂美如歌。哎，哎，悠悠的歌。

歌声未止，夕阳却又固执地扑了过来，重重地压在了船尾，如千吨万吨的裂变之铀。无垠环宇，难道再无大力神赫拉克勒斯啦？伊丽莎白号似乎振臂一呼：我便是！于是它现出一派气吞万里威震八方的雄豪之姿，笛鸣三声，如嘀嘀嘀地三声喊，将夕阳甩了下来！

——童话般的一幕。

手表上的秒针铮铮响着。

童话结束了。

远去了，绵绵山脉。远去了，伊丽莎白号。夕阳的余晖中，船尾的高高低低的窗玻璃，这片一闪，那片一闪，如明明灭灭的交相辉映的游逛着的星斗。它走，走，终于走到海平面的尽头。啊看那尽头，那海平面的边缘，按常理，它本应是平铺着一条的直线的地方，却微微地隆着一条弧线了，水做的弧线，那当然是地球所呈现出来的它的球形之弧。地球不是极大极大的吗？地球不是大到难于让人看清它的本来面目吗？现在可好，到了浩渺的太平洋，眼前无阻无隔，能见度又达到了最高的程度，我们可以看得很远很远，于是地球好像缩小了一样，于是地球之弧显露出来了。而地球平时总是十分高傲的，十分矜持的，它总是深藏不露，是一副面对凡人永不开尊口的做派，特别是对于它的模样，虽然科学家们早已发现了，它却总还不让一般人有机会得到印证。可是现在，这颗城府深深的老地球仿佛急忙承认："我是圆的！我是圆的！"这时候，让人顿觉这颗大得总是令人敬畏的老地球不过如此罢了，让人顿觉自己也可以雄睨天下了，也有了几分伟岸几分豪壮。而那伊丽莎白号，就在那老地球的球形弧线上摇呀，摇呀，摇得好像不断沉沦入海，只看见五层了，只看见三层了，只看见顶尖了，最后，影逝苍茫。

而这时候，我们的骄傲号才正式启航。雷声隆隆，船体摇动，船尾喷出了两行浪花的水练，浪花的水莲，浪花的睡着了花瓣还激动不安的睡莲，灿然耀眼。脚下的太平洋狂躁起来。我们的巨轮自然也是一列劈风斩浪的山系了，或者，是一幢占地百亩身高十五层的巍峨大楼，高歌着，威威赫赫，气势磅礴，昂然前行。

暮色突然淹没巨轮。

入夜，巨轮成了巨型的摇篮，而船上的两三千人，大多成了婴儿，听着太平洋用鼻音哼出的摇篮曲，摇啊摇的，渐渐入睡。而一些真正的婴儿却由母亲抱了，来到船上的温热的泳池，作出生平第一次地勇敢下水。他们的近旁，是一些篮球爱好者，正在呜儿喊叫地冲杀拦截。剧场里呢，舞台上，草裙旋转如花……

差不多总是太阳升起的时候，巨轮就披着朝霞的万道光彩，安详地驰入海港了。感觉里，这时候的巨轮不再是一列山系，不再是一幢大楼，但山的雄奇还在，楼的巍峨还在，只不过将这雄奇和巍峨，悉数交付于一只恐龙了。亦然是壮哉恐龙！史前的自由自在的恐龙早已灭绝了，我们的这只恐龙于今独步天下。那是我们伟大的坐骑呀，要让它吃，要让它喝，要给它补充足够的营养让它好好休息，而首先要做的，是将它紧紧地拴在铁桩上；不是一个铁桩，而是一排铁桩。拴它的缰绳好长好粗，而且需要六七根。而且一个人拴不了它，两个人也拴不了它，拴它硬是用了跑前跑后的四五个人，还外带一辆铲车。

整整七天的日月轮转中，大海就是我们的疆土，那是玻璃的疆土，琉璃的疆土，水晶的疆土。而巨轮，是我们的都城，这都城使我想起我长期生活过并且常常思念的古老的西安，想起西安的晨钟和暮鼓。而我们现在的都城是也有晨钟和暮鼓的呀晨钟暮鼓——君不见晨钟就高悬于云砌的钟楼上，那是旭日；君不见暮鼓就稳搁在霞筑的鼓楼上，那是夕阳。旭日和夕阳的道道抖动的金光就是晨钟暮鼓的嗡嗡声响。又想起西安的城郊常有啾啾叫着的小燕飞掠麦浪，我便兴奋于我们眼前的郊野则有真正的浪和大大的燕。真正的浪是大海的浪，大洋的浪，一跃七八丈的浪，从那大浪上飞掠而过的，是翼展半米的啸唱着的黑色的海燕。海燕在晨钟之声中飞，在暮鼓之声中飞，在风口上飞，在浪尖上飞，从高尔基的选集里飞进飞出，它已是闪电的精灵，啊海燕！与我们相伴的海燕！

除了海燕，伴我们的还有鲸鱼。那条条鲸鱼是我们每个人都亲眼看到了的，它令人喜不自禁令人永生难忘。

那时候我们的左侧是一座百叶似的奇山，山的每片页每个皱折，都像一把刀子，一把刀刃朝前刀背朝后的刀子，它们通统竖竖斜斜地挂在绝壁险崖，一把把又一把把，有的刀刃崭新完好，有的刀刃像是曾经劈过什么，砍过什么，已变得弯弯曲曲，其中应有传说故事，给了人广阔的想象空间。但不管是哪把刀子，都应是焠了好钢的，那刀刃上虽布满野草如锈迹斑斑，却也难以掩盖它的逼人寒光——好奇崛的山！这座山！而我们的前方则是一轮正要入海的夕阳——

夕阳散花，一朵朵漫天飞舞；海波闪金，一点点起伏不定。

风景太好了，光线太好了，心情也太好了，我们忙不迭地着拍着照片，咔嚓咔嚓响声不断。"鲸鱼！"孙女一声喊，就像一声炸雷。我们便一齐拥向船舷，如鲫鱼过江。只见在落日的余晖中，绯红的洋面上，不止一条鲸鱼，它们时而翻身，卷起一脉海浪滔滔；时而喷水，喷出半天雾气蒸腾；时而跃出海面，如一枚导弹的腾起窜起升起。而给我们印象最深的是，在波浪、水雾和夕照融合成的绝景之中，有一条鲸鱼破海而出又转身颠倒而入，眨眼间，它高高耸起了一条被绚烂之光打亮的V字形的尾巴，那是一条如大鹏扇起着的双翼似的尾巴，那是一条随时都可以释出雷电的尾巴，耸着，耸着，就那么耸着，高高耸着，威武优雅，久不消失。我屈膝而跪，我的相机拍下了这一动人的史诗般的画面。

沧海有灵，鲸鱼有灵。我感到，那巨尾不单是一条鲸鱼的尾巴，那是海之深情脉脉，那是预祝我们快乐凯旋。

雪　熊

茫茫雪域。

雪在飘。

地上的雪，沾在我前行的鞋上、裤腿上；天上的雪，落在我尚热的头上、肩上、胳膊上。于是，我的鞋成了雪域，我的裤腿成了雪域，我的头成了雪域，我的肩成了雪域，我的胳膊也成了雪域了。

而雪域还在扩展，我的眼睫毛上也白白的了，一闪，一闪。

虽然心中洋溢着快意，但我没有伸手捕捉自天而降的雪花，也没有一步一回头地欣赏自己留在雪路上的脚窝，没有。在这儿，雪，我已经见得够多了。

我是行进在美国的东北部，密西根。

冬天的密西根好像和什么人铆上劲了，百事不理，只知道下雪，雪花几乎飘遍了它的每一个日子，每一个时辰。料想它的时针、分针和秒针，已经被雪镀得锃亮锃亮，却还在镀，还在镀，一如树的白了胖了的粗枝和细桠。有时候天上终于有了红红的太阳，但一个分神，乌云便至，雪，不容分辩，说下就下，纷纷扬扬如筛面啊纷纷扬扬。因而冬天的密西根永远是雪塑的河山。雪的点，雪的面，雪的直线和曲线，雪的城市，雪的树林和别墅。家家窗上霜花，户户檐下冰凌，院院雪，路路雪，肩肩雪，雪里多少新塑雪人。这儿那儿，虽然没人再塑，却像有作品四布：群羊躺卧，众鹅孵蛋，白狗们懒洋洋地伸出舌头歇息。到处白皑皑一片。

但那白，绝不是苍白，绝不是傻白；而是有精有血的白，聪聪慧慧的白，雍容华贵的白。呼吸着如许之白，我分明感到，洁净透明的不是空气，而是我胸膛里起伏不息的两片肺叶，那肺叶蓬蓬松松清清爽爽想歌想唱已经是雪做的了！

不知何时天色忽暗，原来雪愈下愈大，而且起了风，风也愈吹愈烈。俄顷，演化成一场我从来没有见过的猛烈的暴风雪。风潇潇，雪潇潇。雪搅着风，风卷着雪。雪结成絮，抱成团，有了力——可怕的力，因风产生的杀伤力。这样的雪絮雪团流弹一样密集射来，其间还挟带着更为密集的霰粒，击到脸上火辣辣地疼。而击到眼皮上更加疼得无法忍受。眼睛无法继续睁开。只得把帽子拉下来，使之尽量压低，压住眼睛。还侧了身子。更使出浑身的解数。可是，几乎一步都挪不前去。这时候我蓦地瞥见，眼前一道白亮的光，我是和一只白色的硕大无比的熊遭遇了——啊啊，雪熊！

雪熊，简直是和我狭路相逢，绝不会放过我了！我被推搡着，击打着，撕扯着。我站不稳脚跟，挺不直身子，喘不过气来。有一阵觉得耳上疼得挖心一般，知是雪熊在吞噬我的耳朵。天地在旋转，我几乎晕了过去；但我终于非常清醒了。

看不清雪熊可怖的轮廓，却感到了它的力量；看不清雪熊瘆人的目光，却感到了它的凶猛；看不清雪熊的尖利的趾，尖利的牙，却感到了它触到谁谁便会粉身碎骨的厉害。它毛茸茸的，浑身泛着刺眼的白光，那么高，那么大，足有千斤重吧，它。它饱含脂肪的咕涌着的身躯，如海浪一般疾速动荡。它一声长吼惊天动地，电线为之跳跃，路树为之抖动，墙头上的雪为之四散纷飞。我憋足了劲，冲上去，被它压下来；冲上去，又被它压下来。它的掌是如来佛的掌，而我，却比孙猴子差远了。

那么逃遁吧。

无可逃遁！能踩脚的地方它的趾爪就在，可伸腿的地方就会撞上它的利齿。它与你就像猫玩老鼠。人说与熊遭遇最好的逃命方法是装死，可是现在，你装死吧，装死它才好从容地将你嚼得粉碎。它是熊中的异数。

雪熊总是离我那么近。它攻击我时，我听到了它的呼吸，嗅到了它身上殊异的气味。它的形象和伟力宛若飞泻于悬崖的瀑布，眩目于云端的闪电。

不知过了多久，可能是被雪熊一扔，我被扔进屋门，屋里一阵山响。

后来，大概是一夜之后吧，我出门看时，见雪熊准是对这儿失去了兴趣，终于扭头慢悠悠地离开了。这时候我惊奇地发现，雪在有的地方形成了如沙漠似的优美图案，在有的地方竟然堆了二三尺厚，却又在有的地方渺无踪迹，好像根本不曾有过下雪之事。更令我惊奇的是，一些雪喷溅到直立的屋墙和树干上了，一大团一大团的，一厚层一厚层的。再看停车场的汽车，那些汽车几被白雪埋尽，如一个个大蘑菇。

过了一会儿，个别有急事的人们，便开始从雪中挖掘汽车。

而我，向前走去。

我前行的路，小型铲雪车已经辛劳过了，我走在半腿深的雪的巷道里。

我知道，眼前的种种景象，都是雪熊肆虐的结果。

雪熊曾经怎样搅沸这世界，曾经怎样使雪花从李白的诗中飞出如席——如席狂舞，如席疾升，如席飞驰，如席碰撞，如烂了的席东去又西来，如几块粘在一起的席翻上又垫底——都被这种种景象记载着了。

白皑皑的无边雪域，一列黑乎乎的火车呼啸而过。

最后我必须说明，实际上，我连真雪熊的一根毫毛都没有见过。不过绝不要因此怀疑我这篇短文的真实性。我写的千真万确是我的一次亲身经历——

一次暴风雪的精彩表演；

一次大气环流的辉煌奇观。

牛　群

苍茫的加州原野。

先是绿地和花园交错着的建筑群，继而是一眼望不到边的葡萄园，再下来，就很有些非常原始的意味了。

怎么说呢？好像哥伦布还未出世，星条旗更未招展，自然，丰饶的金矿还都原封不动地深埋于地下。没有庄稼，没有菜田，到处都荒着，荒草一片一片，自枯自荣。一只不知名的小鸟远远地飞来，落到灌木的枝条上，枝条晃了晃。山，原，谷，崖，树，河流……一切都仿佛处于黄褐色的蛮荒状态。只有将风景一劈两半的高速公路，才发出汽油、钢铁和橡胶的呼啸和闪光，展示了些许现代文明。

忽然，原野上有了一些黑色的斑点。但你还没明白那些斑点是什么，汽车早已迎来一个奇幻之景：整个原野都撒满黑色。

是些什么呢？好像谁从高高的天上，哗啦啦地倾倒下满地黑豆，又像谁从远远的地方，突然赶出无数黑色的斑蝥或者蟑螂。它们，究竟是些什么呢？

广阔的原野，到处黑漆漆的，黑得触目惊心。

只有树是绿的。只有天是蓝的。只有太阳是红的。除此而外，原野上的草，石，土，塄坎，以及起伏的山坡，全都成了浓酽的墨汁。

像些什么呢？也许更像到了特大的露天煤矿，这个煤矿采掘既烈，运输又不畅，遂使亿万吨的黑得起明发亮的煤炭，统统地堆放在那儿了。

但终于看出个眉目了：它们在动！是活物无疑了。比羊高大，比猪魁梧，比驴和马都肥壮。有黑的，有黄的，但以黑的占了绝大多数。

啊，牛！

居然是牛！牛居然可以排开这么大的阵势！

这些牛如果是一些劳工，它们应来自多少工厂？这些牛如果是一支军队，它们应是多少个排？多少个连？多少个营？多少个团？

好壮观、好浩荡的加州牛群！

在中国长大的人，谁没见过牛呢？可是，即使是在中国常年走南闯北、见多识广的人，谁又一次见过这么多的牛呢？翻寻记忆中的青山，青山隐隐，笛声悠悠，牛总是一个两个孤独冷清地活动在青山里和笛声中的。回眸全部中国历史画卷，无论是牧童的遥指还是鲁迅的横眉俯首，隐含的都是这样的景象。无论是《创业史》的各章节还是当代文学的散发着油墨香的无数纸页，寥落的牛蹄都不会踩没多少字迹。我们所见过的牛群，只要有几十只，几百只，已经是很大很大的了。

可是看眼前，看这儿，牛，竟覆盖了东南西北，全部视野！仅卷舌揽食的，应是好几千了；仅甩尾赶蝇的，也应是好几千了；仅以蹄踢土的，也应是好几千了；仅撒尿拉屎的，同样应是好几千了。有立的，有卧的，有鸣叫的，有沉默的，有正在产崽的，有想啃树梢的。牛，好几万头牛，一头头身躯匀称健壮，皮毛光洁润滑，它们如同黑色的火焰似的，燃烧在这片土地上。应该说，它们所展示的，是最灿烂的当代文明之一。

看不见人，只有牛；看不见房舍和栅栏，只有牛。这么多的牛，真叫我无法想象它们饿了时怎么吃，冷了时怎么住。我更想象不来如果遇上响雷闪电，或者虎狼来袭，它们因受惊而炸了群，乱了阵，一头头狂奔乱跑起来，可该如何处理。

遗憾的是，我们需要赶路，无法停下来做深入采访。

我看见，一头黑牛的腹下，鼓鼓的袋子似的东西，是两个大奶。一只和这只黑牛同样黑的小牛，把稚嫩的小嘴唇凑了上去。黑牛回头看了看。

那边，大概是一头公牛吧，它很嘹亮地叫了一声。风携着它的声音，传了过来。其实传过来的不只是一种东西，只要稍加留意就知道了，那是空气中弥漫的带着草味、粪味和臊味的牛的气息，并且已经钻入车内。尽管，那牛群离公路起码还有百米距离。

我们的车子停下来了。我想照一张相。相机对着我，我回头看，我被衬托于黑色的背景之上。黑色的背景有如黑色的海洋，无边无际，滚滚滔滔。而在那闪闪烁烁的黑浪花的上头，是密如森林的牛角和牛耳。这张相一定会照得很好，我想。

重新上路的时候，我想起，就是在这儿，曾经发生过无数粗犷的故事。好莱坞因大汗淋漓地捡拾这些故事，也使自己的银幕粗犷起来。小木屋。酒。时起的阔笑。爱情和仇恨。划破黎明的枪声。前蹄跃起的马的嘶鸣。……那是牛仔的天下。霞光照红牛仔的身影。可是现在换了人间。

现在，牛仔的子孙们——农牧民，形单影只，成了星条旗下的稀有人群，他们只占总人口的1.8%。然而，这1.8%却是钚、铀之类的奇特金属元素，他们所发生的热核反应，不但轻轻松松地养活了美国整个人口，还成了出口的常项。而眼前这无比壮观的牛群，应是热核反应的象征物了——是发着热，带着响，迸散开来的滚滚黑云。

布达佩斯夜景

看见布达佩斯的第一眼，心就怦然而动。古堡耸于山，铁桥横于河，两旁超市商品层叠的干净的街道上，新潮小车一辆又一辆箭一样射过。她是山与水的结合，古与今的结合，本土和外风的结合，小巧，美丽，又充溢着时代气氛。

与之相比，东欧的另外一些都城就差多了，那些都城的建筑单调平板，商品匮乏，脏，乱，小车都是国产，又都跑得慢悠悠的，一副很不走运的样子。

布达佩斯明显地盖过了她们。当然，布达佩斯也有她的阴暗的方面，比如物价奇高，失业的人很多，等等。就拿流经她的市区的多瑙河来说吧，也很有点令人沮丧。原先头脑中的多瑙河，总是和蓝色相连，蓝色的多瑙河，好神奇，好美丽！可是实实在在地走到她的岸边，大失所望，她哪有蓝色可言？期望值的过高，使人真正看到她的时候，感到她竟是一河的浑浊！

但从主要方面看，布达佩斯毕竟是生气勃勃的，美丽的，而她的入夜景色，更加迷人。

当燃烧了一天的太阳被山头撞灭了她的火焰，蒸腾的热气骤消，人们还来不及擦掉额头的汗水，随着一股突如其来的寒意，满城的灯便亮了。到处是灯的山，灯的河。到处是闪光的诗，透明的画。灵动到处，鲜活到处，奇葩到处美到处。在这样的地方徜徉，谁都会流连忘返的。

　　宽阔的坡路一旁，是路灯。路灯照耀着居民院落的栅栏、大门和大门边的信箱。升上去十米、八米，屋舍的灯光灿烂。你的屋照着我的屋，我的屋照着你的屋。照出了褐的、红的瓦。各色的墙。照出了阳台上摆放着的盆花，那花或一溜排的黄，或一溜排的蓝，一溜排一溜排流淌着灯光。

　　小巷中，石砌的高楼上泻下琴声，也泻下灯光。在琴声和灯光的爱抚下，奔跑了一天的小车，就像一群玩累了的孩子，都头挨头地睡了，静静地停满一侧。也有迟睡的孩子迟睡的小车才回来，才跑进巷口，才寻找自己的铺位。目光炯炯，车灯炯炯。

　　一进入大街，就像一失足掉进大海，不待反应过来，灯光的浪涛已把你淹没了。头晕目眩，眼花缭乱，天花乱坠。灯，在前，在后，在左，在右，在头顶，在脚下。灯，连成线，织成网，编成花。商店如灯砌，道路如灯铺，行人如灯塑。飘拂的秀发飘着灯光，情侣的眼睛含着深情。厚重得出奇的皮鞋。脑后留着的一撮毛。作为时髦装束的烂兮兮的短裤。这种种种种，都在灯光中闪烁。看看手中的购下的商品，商品厚了，厚在沾上了盈寸灯光。

　　奔驰的小车是奔驰的灯，灯灯相连，灯灯奔驰，奔驰成一条高科技时代的硕长龙灯，以每秒量着呼啸的速度，遇坡，一弓身就过去了；遇弯，一扭身也过去了。站在龙灯啸过的地方，纷飞的夜气冲来，纷飞的乱光冲来，强烈地感到了夜气和乱光的撞击力量。眼看着龙灯啸，啸，啸，想横穿街道，那是万万办不到的。也有胆大的人曾经试着闯闯，但留下来的，是一滩血迹，一个关于眼泪的故事。这儿不像在东欧别的国家，速度和光结构着她的躯体。

　　看到了多瑙河，才看到了最美的灯光，最美的景点。那是星空的浓缩。那是宝石的汇聚。那是梦幻的再现。想必有一个超尘脱凡的天才的艺术大师，蘸着地球那边的艳艳阳光，画亮了河的两岸。无论是老布达还是新布达，无论是老佩斯还是新佩斯，都成了一个壮观的灯的花园。千朵盛开者，是灯；万朵竞放者，是灯；无数吐艳飘香者，也是灯。灯飞上宏伟的铁桥，铁桥被串串明珠勾勒出闪光的轮廓，凌空高矗，无比瑰丽；灯落进轻荡的游船，游船以叮叮咚咚的光的打击乐伴着欢歌，徐徐前行，妩媚多姿。而透过串串明珠阵阵欢歌，引人瞩目的极度辉煌处，是超级灯光衬出的古堡和教堂。那么高，那么明晰，那么令人感动。它是全城最敏感的一点。光和影在这一点上做了最和谐的艺术的统一。

这些美景，都是上下对称，成双成对。铁桥如此，游船如此，古堡和教堂也是如此。而下边的一个，像微风摇花，像薄云遮月，更具无限韵味。那是多瑙河中的景致。多瑙河使布达佩斯总是带着2的乘数，给了布达佩斯双重的美丽。而多瑙河，也一改日间的浑浊模样，如原先想象中那样蓝茵茵的了。一河灯光，一河灯光装饰着的建筑，一河的波波荡荡的诗情画意。

像看见久别的亲人一样，居然在河边，在灯下，看见一排中国槐了，亲切感油然而生。便进而亲切地想起眼前这个伟大民族的历史了，想起他们善骑射的先祖，也是从中国那边过来的。我们的根子曾扎在一起，或者，竟是同根。想到此，一颗本来有着隔膜的心，心上的细细钨丝，便亲切地通上了布达佩斯的电流，哗啦一下亮了。在灯的海洋中，它虽然显得微弱，却是真诚的祝福。

走进纽约

　　看纽约，看这世界上首屈一指的最大都市，我扬起大西洋的浪花，以东方的古老语言发出一声滚烫的惊叹：威赫赫，何其伟哉壮哉！是啊，好像全球五大洲的将近二百个国家的一切山，一切岳，一切岭，一切峰峦，都一齐汇拢到这儿来了！而眼前是身在庐山中吗？横看成岭侧成峰，远近高低各不同，只是，无法超尘脱凡地领略它的全部壮丽和风采。人走在阴森森的峡谷之中，天显得那么窄，那么狭，常常成了纵横的蓝线。人走在阴森森的峡谷之中，显得那么渺小和孤独。到了大名冲天却短而又短短得只有500米且还弯弯曲曲的华尔街，山好像在那儿举行着一场盛大博览；山一繁，沟壑也便随之增多了，因而左看是沟壑，右看是沟壑，目光前移后移，仍然是沟壑，沟壑，沟壑。走进每个沟壑都给人以山重水复的阻塞，以致令人闭气而终又柳暗花明之感。不过不管是山也好，沟壑也好，它们之中都没有真的巉岩怪石，都没有真的山泉飞瀑，都没有真的苍松翠柏。可是有窗，窗有千千万万，镶遍每一寸山崖。可是有人，人如蚁，隐于窗中静无声。可是也有云，云就飘在那些重峦叠嶂似的高楼大厦的扇扇窗前。一座玻璃的峻岭映照出金属和水泥的悬崖绝壁，也映照出朵朵白云。那是我的小儿媳晓薇刚刚去工作了的地方。旋转门在旋转。人，被旋着吞吞吐吐。分明看见她那么一闪上电梯了，也可以想见那电梯在升，在升，却难以猜见她已经到了哪一片云里……

　　但与横空出世的帝国大厦和双子的世贸中心的三座并肩大厦相比，这些建筑又统统显得微不足道了。它们是一片篙草，而帝国大厦和世贸中心是三棵擎天的椰子树；它们是一堆玩具，而帝国大厦和世贸中心是三只啃食月中桂叶的长颈鹿。登上帝国大厦和世贸中心，有如越过雪线，登上了珠穆朗玛峰、乔戈里峰、干城章嘉峰。虽不见白雪皑皑，气温却骤然降至寒气砭骨。万里长风如透明的长天巨龙正以七八千里的时速掠过，龙爪和龙鳞，碰撞着、撕扯着每个人的衣裳和头发，使每个人都狼狈如龙的掌中玩物，无法站稳。你以为你来到九天之外了，其实，你还没离开纽约，只是，容光焕发力大无穷的纽约站起来了，纽约这个超级巨人站得好高，而你，是站在纽约的肩上。你的脚掌分明还能感到纽约的体温。俯首望去，周围那些一下变得谦卑起来的摩天大楼都是上肥下瘦，上宽下窄，上粗下细，向两边歪斜。俯首望去，只见那无数的大楼小楼，无数的长街短街，无数的繁华闹市，与沼泽、海湾以及哈德逊河互相穿插浸淫着，并且杂着无数的车和些许的船，它们都像被一只神奇的大手推得很深很远，如化作小人国的物事。而环顾四周，目力所及，茫茫苍苍以至于无，而一切无不皆与我等距，纽约的疆界如被圆规画成，活脱脱是一个大圆。于是，纽约这个最国际化的大都市，就很有些象征意味，很像一颗画在纸上的地球了。

　　我知道我不属于纽约。我的家乡在地球的那一边。我出生在北中国的一个飘荡着最美的民歌的地方。那是一片被老镢头和暴风雨剥夺得缺少生命之色缺少植被的黄土高原。我出生的那个年代，一个叫做埃得加·斯诺的著名美国记者正在那儿感叹，正像我此刻正为纽约发出感叹一样。斯诺当然不久就回到了他的美利坚，我却在那儿长大，因而深深地打上了那儿的烙印。此刻，万里迢迢跨洋过海走来，被浪涛洗过，被长风扫过，被纽约的手轻柔地拍打过，我的身上却还带满了那儿的红旗、炭火、黄土、米酒和野艾的气息。那儿曾是中国革命的堡垒。但革命的烈焰发展到六十年代又曾烧得革命的人们死去活来，死里逃生的也都惊恐万状，不可终日。奇怪的是，正是在那样的日子，我却梦到过高楼摩天的纽约。醒来后我战战兢兢，不敢向任何人透露。但我不知道我是怎么会做这样一个梦的。我谴责自己的罪过：怎能梦见纽约是那么的繁荣？！是的，是的，我绝对是有罪的。然而我的祖国终于走出迷雾也把我带出了迷雾。然而眼前才是真实的美国真实的纽约：既不是棺材瓤子，也不是无病的神仙，而是一个活得挺旺的海明威一样的时有灵感的汉子。怎能不庆幸在春天的故事里，中国哗啦啦敞开了门窗，让我们看到了真实的整个世界。摇滚乐赞美着："大苹果！大苹果！"纽约这颗纽约人心里的大苹果挂在枝头，生机勃勃。纽约的第1街……第10街……第142街……以及第2大道……第5大道……它们像电子计算机的数控系统一样，每给它一个指令，它就做出比生命还要鲜活还要灵敏的反应。啊，纽约，这就是纽约！面对它的奇崛、伟岸和生命力勃发的现代文明，我必须调整我的乡野放羊人一般的呼吸和脚步。

乘电梯耳膜受着强压，人不是自由落体，所以能速度均匀地降落下来，降落下来立即坠人喧嚣。顾客的嘈杂。黑人的鼓声。警车和救护车的锐叫。各种声音滚滚滔滔，波澜起伏，令你又是蛙泳又是仰泳又是蝶泳又是爬泳又是侧泳又是自由泳，招数使尽，也无法游出涯岸。而地铁又咣当着呼啸于地表之下，就像每秒钟都要发生十次以上的有感地震。纽约的每一条街道因此而在抖动。纽约的每一条街道因此而在摇滚乐的节奏中摇滚。因此，纽约的街道便似乎成了世界上最大的按摩器了，谁要是脚腿有病，尽可以坐在街心岛上享受免费按摩。但是在这里，人们即使脚腿有病，也都走得风风火火，大步流星。因为每个人都是奋斗者和竞争者。因为每个人都是拼命三郎。因为每个人都争分夺秒地追求着更高的工作目标和更高的收入。也许只有小松鼠没有追求，没有压力。小松鼠跳向树下长椅上坐着的退休老人或外国游客，跳上他们的股掌，小天使小精灵似的，享受他们的爱抚和面包之类的赏赐。人们远不像小松鼠那么轻松自在。于是只要办完事情，就旋风一样钻进汽车如钻进甲虫的肚子，甲虫心急火燎地奔驰而去。整个纽约是一个快速奔驰的甲虫的世界。甲虫以铁为甲，以轮为脚，以汽油为液体面包为牛奶为可口可乐。大街小巷，甲虫密密麻麻，五彩缤纷，尽显美丽的风姿。归我的幼子劲劲所有的，是一只低贱而病残的黑色甲虫。人家的甲虫动辄价值好几十万美金，而劲劲的还值不到两千。因为劲劲还在哥伦比亚大学就读，穷，无产者一个。我们坐在这黑甲虫的腹中，可以看见它的内脏破破烂烂，缺这少那。也可以听见一种唑唑的极为难听的声音，那，也许是它的一节气管吧，它也许患了挺严重的气管炎啦。但纽约是大度的，富，固然有炫耀的地方，穷，却也没人小觑于你。所以我们的黑甲虫用不着自惭形秽畏畏琐琐，而是大摇大摆地走进了甲虫们的行列。路。直线。交叉线。弧线。拱起的线。隐没的线。圆圈。还有重叠的线，甚至，缠在一起的线。甲虫们在上面时而追逐着，时而并行着，时而倏地一下分道扬镳，又忽然有高有低地跑在几层复杂的立交桥的盘道上，沿着令人眼花缭乱的螺旋曲线，跑成了一朵光与影发育而成的旋转的五彩莲花。忽而，一座斜拉桥一只躺卧的竖琴赫然出现，甲虫们争先恐后地跑上去，被一只看不见的大手弹成了音符和旋律，美丽动听。

　　如茵的绿色草坪之上，巨碑一样耸起的，是联合国总部大楼。高高抛上蓝天的2000吨重的大楼的大理石石墙，显示的应是和平和发展的力量。前苏联的"铸剑为犁"的青铜雕塑置于墙下。我们中国的巨型青铜鼎置于墙下。还有许多国家的大型艺术品也置于墙下。一百五十多面会员国的国旗在大门前一字儿排开，被吹了亿万斯年的大西洋的海风吹拂着，它们哗啦啦的声音，如歌如唱，如泣如诉，如欢呼如抗议。但并不是每声泣诉每声抗议都真诚而有理。我看见，在大门对面的楼墙底下，国际乞丐一样，就坐着三四个我们国家的西藏人，他们想从长江和黄河的浪涛上掰下一块。办公于大楼三十八层的秘丰长安南先生显然是忙碌的，他整年面对着种种危机，面对着分别表示赞成、反对或者弃权的绿灯、红灯、黄灯，力图将它化为和平的春光。

长长的竟29公里之长的百老汇大街，灯红酒绿，溢光流彩，有数不清的剧场、戏院、舞厅和夜总会；阔阔的竟有340公顷阔的中央公园，湖水荡漾，山岩嵯峨，古堡谯楼，引人遐想。但看了它们，又忍不住要再看一次华尔街了，虽然华尔街是那么短狭。因为华尔街真正是一片云霞明灭的仙山。也许诗人李白的在天之灵曾在梦中来过。所见者何？诗人挥笔将旧作《梦游天姥吟留别》题写于纽约的晴空："洞天石扉，訇然中开，青冥浩荡不见底，日月照耀金银台。"金银台上，每天流不尽淌不完的是金是银是比金银还要贵重的信息信息信息。因为它是世纪大腕的风云际会之地。美国十大银行中的六家总部就设在这里。美国许多最大的经纪公司就设在这里。美国许多大财团的保险、铁路、航运、采矿、制造业等总管理处就设在这里。全球最大的证券交易所也设在这里。跨进证券交易所大厅，风和浪花迎面劈来。虽然算不上浩瀚壮阔，但它却是比海洋还要海洋。变幻不息的海水波荡在电子显示屏上。海里潜伏着数不尽的礁石、险滩和漩涡。道琼斯指数潮起潮落，影响着世界上各个角落的经济气候。走出大厅再看华尔街，华尔街的每一块砖石都像一只拓荒的蛮牛在猛冲着嚎叫。不，华尔街是一颗多棱面的硕大钻石，它以它多彩的奇幻光芒，吸引着人们争相拥向这里，幢幢建筑被挤得越来越高。然而，就是在这寸土寸金的土地上，却保留着十七世纪修建起来的三一教堂，教堂的墓地，墓碑块块，高高低低，剥剥落落，看着它们有如回眸历史，历史的河流中，凝固了一片疲倦的桅杆。

屹立着自由女神像的纽约港，水天之间，弥漫着浓重的母性气息，且温温热热，绵绵软软，辉映着霞光就像展露着血色，它应是美国的子宫。千千万万的美国人，就从这儿生出。人常说人是赤条条地来到这个世界上的，然而美国人不是，美国人呱呱坠地之时，都穿着风尘仆仆之衣，都提着大包小包，甚至还扛着木箱藤箱。他们一个个又累又饿。这，我是被劲劲和晓薇领着，从位于港内埃利斯岛的移民博物馆知道的。美国人刚脱胎于母体、刚从纽约港爬上岸的时候，无不喘息奔波于社会的最底层。过上一些年，他们忽然觉得舒服起来了，惬意起来了，有了自己的草坪，有了自己的汽车和别墅，低头看时，他们的脚掌之下，一片人影蠕蠕而动，那又是新一批的移民了。新移民已经取代了他们原来的最底层的社会地位。一批又一批的更新的移民不断地涌来，不断地垫底，顶得上面的先来者渐次升高，升高，升高，而由于才能和机遇的不同，升高中又有了缓慢和迅疾之别，终于有的成了白领阶层，有的成了让天下仰慕的亿万富翁，当然，也有不幸的落魄之人。而几十年来高科技移民的被倍加欢迎和转瞬融合，给腾飞的美国增添了逼人耀眼的灵性，使它的巨翼富有真正的活力和耐力，可以搏击雷电，而少有磨损。美国完全成了一个民族博物馆。海纳百川，有容乃大。美国便大了，大得如前所述，简直像一颗地球了。这颗地球上布满了齿轮、电脑和现代思维，还有扬起轻尘的滚滚车轮，还有手中的牛排、比萨饼和爆玉米花。这颗地球上的白黑红黄各种肤色凝成的挣脱了传统惯性的神奇魔力，波澜壮阔，气势凌厉，完成了一个壮举。

劲劲和晓薇目前连绿卡都没有，就是说，连新移民都够不上，当然是处在底层的底层了。然而凭着他们的才智和刻苦努力——不独他们，整个华裔甚至整个亚裔留学生的骄傲都在于此——他们信心十足，甚至有些野心勃勃。那一天，他们开着他们的破车，带着我，悄悄地去长岛看了一次富翁们的豪宅。我懂得他们心中的秘密。返回的时候，他们一路设计着明朝的彩霞。他们笑得多么开心。

车过肮脏、拥挤的哈莱姆了。哈莱姆就像时代投下的一个巨大阴影。我们的神经霎时都有些紧张，车便开得极快极快。最担心车坏在这个地方。因为这儿的治安状况最可怕了。

不知什么时候，暮色已从纽约的每个墙角每棵树后钻出，苍茫迷濛，并逐渐浓重起来。曼哈顿、布鲁克林、布朗克斯、昆斯和里士满这五弟兄一样的五个街区，都从衣橱拿出了黑礼服，准备穿在自己的身上。但它们还没来得及伸胳膊，街灯和商店的灯就像争春的植物一样，一枝一枝地开成了万紫千红的鲜花。这时候最好看的是街上的车子，左边的一行全是白炽的首灯，右边的一行全是红亮的尾灯；白炽的首灯是一条银盘串成的长链，红亮的尾灯是一条樱桃串成的长链。然而我虽从东方远道而来，纽约却完全没有让我品尝的意思，因而绝不会有一棵樱桃会放在银盘中，被端到我的面前。蝙蝠飞上飞下，以英文或者汉字草书，写着很难懂的朦胧诗。教堂的顶尖，钟声当当嗡嗡，播散荡开的全是墨染了的传言。一阵杂沓的脚步声响过之后，都看见夜之军已然把大街小巷都占领了。可是，仰起你的模模糊糊的头颅吧，你看，在那高高的帝国大厦和世贸中心大厦上，它们的上半截，昼的军团还固守着，都还是一片明艳的阳光。

七月的雷雨

登上山顶看陕北，最是壮阔。无论向哪个方向看去，都是一样平的茫茫山顶，一样密的层层叠叠，浩瀚无边。

这时候是七月，七月流火，太阳像一个喝酒猜拳的莽汉，他喊出的每一声酒令，都使高原滚着烈焰。

然而天上没着火，天还是蓝的。在蓝色天空的很远很远的地方，飘浮着几片云彩。那云彩像坐在纽约街头的流浪汉一样，他也许在打盹，也许在弹琴，但因为很远很远，应该和我们没有什么关系。

山畔上的野花蔫蔫地开着。野兔急急地寻找着食物。一只土黄色的小蜥蜴，哧溜一下窜进浓密的马茹子丛中去了。

牛在低头吃草。放牛的庄稼汉光脊梁躺在柳树下边，忘情地听着半导体收音机里的戏曲节目。

忽然间，天上格巴巴响了一声雷，干硬的雷。

望晴朗碧蓝的天空，雷是从哪儿响起的呢？

格巴巴！隆……它的第二声又响了，仍然干硬干硬。这下看清楚了，雷声伴着闪电，它就响在很远很远的那几片云彩上。

接下来，在那几片云彩上，每隔一半分钟就格巴巴隆格巴巴隆地响一声，如折裂一根根其大无比的干柴。茫茫山顶平展展地无遮无拦，干硬的雷声便特别地浩大，满满地充塞在天地之间，震荡着千里万里。那是天震啊——天震！

天震！与之相比，世界上的一切声音都显得微弱苍白。

但寻思，不会下雨的，干响。

遂继续欣赏风景。格巴巴的雷声伴奏着，黄土高原的每一道梁，每一座峁，都元气沛然，紧绷肌腱，一副亟欲弹跳的模样。

但雷声更紧更响了。抬头看时，那几片云彩已变成了黑的，又凭空生出许多黑云，都向这边跑来。跑马云彩。云彩跑马。马蹄何铿锵，踩出八千闪电；马背何巍巍，驮着十万雷声。哗地一亮，轰隆，格巴巴巴巴！哗地一亮，轰隆，格巴巴巴！

那云，才知那云绝不是纽约街头的流浪汉，而是躲闪在我们身旁的超级大侠。它们一朝啸聚，威震八方。

天刹那间黑了，起了风，并且叭叭地开始落雨。

跑吧，赶紧找避雨的地方，或者村子，或者荒野石庵。但已经来不及了。雷声就像炸在脑门，闪电就像劈在脸上。脑门和脸上墨汁一片，那是被黑云所涂染。黑云那么厚重（如大山一样），那么低矮（似离地三丈），只是眨眼功夫，已经填满了整个天空，压在头上。雨也随之倾倒下来，浇透了衣衫。慌忙蜷缩在什么地方，要多狼狈有多狼狈。

随着格巴巴一声，一个绯红的火球在山峁上迅急滚了一下，照得天地贼亮，倏忽炸得粉碎，无影无踪。天又昏暗如前。雨点子如黄豆，如杏核，如核桃。它们摔下来，砸下来，捣下来，汇成凌厉军团钢盔滚滚冲向前，势如破竹。眼睁睁地看着一座山崖，还有山崖上的一棵小树，哗啦一下垮落下去了。

好一个瓢泼大雨！好一个倾盆大雨！但风声阵阵在说：何止瓢泼何止倾盆，简直是一滴三桶！问风：云层上正在何干？是仙女们在过泼水节？是海龙们在开奥运会？抑或，是羽化了的陕北后生们在打安塞腰鼓，把天河踢开了窟窿？但即使是闪电在云层上划开一道那么长的缝子，风也难窥其一丝眉目。

反正暴雨如倒。反正雨脚如麻。

雨脚跳珠，珠随水流去；水流滚滚，难扯断雨绳；雨绳成帘，雨帘成网，雨网网住了一切；云，山，树，只能隐约看见。

雷。闪。惊雷如核弹爆炸，闪电似金蛇狂舞。惊雷闪电中，平地起水三尺；惊雷闪电中，坡上都是激流。茫茫高原，千山万山，处处溪涧，处处瀑布，处处奔流处处河。

最豪壮的是山底下的大小沟渠，它们一条条都是大浪汹涌，怒涛澎湃，气吞云天。

它们流入黄河，黄河一时成了亿万富翁。

而雷电疯了，雨鞭疯了，雨鞭借着风势，以万吨之力，一个劲地直扫横抽。好像这世界，恒定是雨的天下了。好像人们将永无重见天日之时。

孰料这雷雨说停就停。孰料瞬间又还你一个晴天丽日。实在难以想象，雷雨怎么只在三四十分钟的时间里，就把它石破天惊的能量挥发干净了！

然而风真的住了，云真的退了，天真的晴了，雷雨真的说停就停了。再要找它，只有翻开大自然的编年史了。

拧干身上的衣衫，为没出什么岔子又领略了如此壮观的一幕而庆幸，同时再度欣赏风景。壮阔的黄土高原静悄悄的，好像什么事也没发生一样。只是，天更蓝了，悠悠地四散着一些云彩。太阳撩开云纱脚步轻盈地走出来，变成一个新浴的美人。她一笑一个清新，一颦一个凉爽，一举手一投足一个无尽的优雅，光彩照人。

温莎之秋

　　走在温莎的松鼠出没的路上，我常常被许多高大的树木震惊得仰起头来。那些树木牵引着我的目光，从地面升起，升起，最后，简直好像升到云彩里去了。它们有好多种类，可惜，除了枫树之外，我再也叫不出它们的名字。

　　反正它们很高大。面对它们，我不由得默诵着"好大一棵树"那句著名的歌词，同时将深深的赞叹推向极高的空间。——那儿，浩阔的树冠遮住的天空，就像一个又一个的排球场或者篮球场。

　　矮一些的树木，当然更多，它们密密层层地碧绿在街道两旁，住宅周围。我的居所的阳台前就是一片浓荫。

　　温莎在何处呢？——在北美，在加拿大美丽的南方边境。它与美国的汽车城底特律隔河相望。河水碧绿而浩荡，上面常行驶着巨轮或快艇。两艘巨轮相遇的时候，总要呜呜地互致问候。

　　一日，我透过客厅的大扇玻璃门，忽然看见阳台前边的一棵枫树的叶子红了。它是什么时候红了的呢？不知道。我惊诧，我明明每天都要见它好几面，却怎么会不知道呢？然而就是在不知不觉之间，悄悄地，它的叶子忽然全红了。

　　一树的红叶，分明呐喊的是秋的来到。

　　转眼间便见有了更多的树红了叶子褐了叶子黄了叶子。

曾是满城的碧绿，然而碧绿渐渐少去。

然而一天一番灿烂。

与此同时，灿烂的红的褐的黄的叶子们，开始零星飘落。你正匆匆地赶路，也许它就掉到你的眉梢上了。那是秋的贺卡哎。

时间进入十月，落叶渐频，W 形的，Q 形的，别的形的。它们频频地告别枝头，频频地飘然而下。频频地，飘过白人姑娘的姣好的容颜，飘过黑人青年的宽阔的胸膛，也飘过我们华人同胞的匆匆行走的步履。频频地飘，频频地飞，如蝶儿频频，那灿烂的叶哎。

也间有种子的优美飘落。许多种子都是缩在木质的翼里的。那翼，当真是翼呢，它活脱脱像是从蚱蜢之类的昆虫身上生出来的。翼中的种子，有的压在一头，有的却不偏不倚地蹲在中间。飘落的时候，前一种竖着旋转，后一种则横着小旋转又夹着竖着大旋转。而不论是哪一种旋转，都美得就像空中舞蹈。哦，飘飞的种子，振翼的种子，你们，全然是秋的精灵哎。

叶的落下和种子的落下，使地面多了一些生动的装饰。树本来是一个灿烂的立体，现在灿烂移位了变形了，在地上形成了一个平面，而平面的灿烂自有平面的灿烂特有的韵味。尤其是家家门前青绿草坪上所展示出来的灿烂平面，简直美得不可言喻。那是绿底的缎子上，洒了一些红的褐的黄的大的中的小的花，而且花的布局是那么出奇和那么和谐。把它们称做艺术杰作，应该说，一点儿也不过份。我每当从这些艺术杰作边走过的时候，都要放慢脚步，多看几眼。仔细地看看它们，就像陶醉在一篇好诗或者一篇好文里，身上的每个细胞都兴奋得索索颤栗。

逢上一夜风雨，不但地面上是落叶是种子，连泊在屋前的汽车，都像盖上了迷彩的蓬布。车前车后，车左车右，像水一样汪着漫着的，自然也是斑斑斓斓的树上之物了。一些人去上班的时候，只把车上的树叶稍稍捡拾一下，就驾车走了。车成了飞跑的机械的树，跑一路，一路落叶纷飞。温莎的街上，因之多了一道天女散花般的亮丽风景。

这时候，不论哪条路，不论大的，小的，都铺满了金灿灿的落叶。踩着落叶的脚步，有的稳健，有的轻捷，有的调皮，有的浪漫。落叶，似乎让每个人都感受到了人生的美丽，因而心中充满了无限的欢乐。

何况，迎面是那么惬意的风。

有时候风停了，街上的落叶就像睡着了似的，一动不动。这时候孩子们就耐不住了，他们把落叶一片一片地捡起来，攥满两手，然后嗖地一下扔出去，将它扬满天空。孩子们消失了的时候，汽车却又会呼呼开来，沉睡的落叶又会被汽车唤醒，并且跟着汽车欢跑起来。

但风总是很快就来了，而且愈刮愈大。

风吹着千树万树，千树万树的叶片竞相飘落，如纷飞的传单。风愈吹愈来劲，叶愈落愈壮观。红叶千万，褐叶千万，黄叶千万。黄黄的子荚，也千万。飞在天上的，如结队的鸟群；滚在地上的，似跳蹦的蛙阵。鸟群飞在这儿，鸟群飞在那儿；蛙阵跳在这儿，蛙阵跳在那儿。

但那只蛙是蛙吗？它忽然乘风一跃——飞起来了，从阶前斜飞而上，一直飞到屋顶。

——蛙，变成鸟了。

鸟群变成蛙阵，蛙阵变成鸟群。它们在飞，它们在跳，它们把秋天闹腾得没有一丝萧瑟的影子了！

　　这时候再看树吧看树，原本臃臃肿肿遮天蔽日的树，现在都趋于简炼了、明朗了。

　　而不久，家家门前都有了一包一包的东西，如我们在中国农村秋收时看到的一麻包一麻包的粮食。但包是牛皮纸的质料，是从商店买来的专用品，里面装的呢，是干了的、变得不好看了的树叶——人们终于准备将它运走了。

水墨故土欲成诗

我从少年起就喜欢一切艺术作品，老来又读了许多国画，因而便隐然响往着画国画了，但又一看自己的一把年纪，觉得那完全是痴人做梦，所以便常常对老伴说："我下辈子学画画吧！"

说得多了，心里便有了一些迷糊和当真了。

而下辈子在哪里呢？

一日，我忽然想到，为什么要这样阿Q自己呢？为什么要把一种凤愿交付给哄人骗己并不存在的轮回中呢？为什么不可以把下辈子想干的事情，从虚无缥缈中拽将出来，拽到我暮色半掩的手中？

那一刻，我兴奋地心头一震，我觉得自己浑身上下里里外外都被一柱辉煌的光束照亮了。

其时我74岁了。

我于是置笔，买墨，购宣纸，挽起袖子，俨然活石鲁似的，真的干起来了，手上是黑衣上黑。

尽管形象不雅，却很有些匪夷所思，我是一步就跨上创作的台阶的——创作的心态，创作的思维，创作的架式；而我所涂抹出的头两三张画，如果不严苛要求的话，那确也是已经初具创作的明显特点了。当然基本功太不够了。我深知，被我跨越而过的，是层层叠叠的素描之阶，层层叠叠的国画的基本技法之阶，但我仍不气馁，仍继续着创作，当然又在创作中于那层层叠叠中往返，往返，汗流浃背。一连串的画儿就这样画出来了，竟然大部分都还人模狗样的，像那么回事情。

我于是越来越有了兴致，完全沉迷于我的水墨世界中去了。当我的笔锋勾勒出一颗老南瓜的时候，我知道，那就像我。天地悠悠一颗瓜。它黄黄的颜色如我浑身老去的肌肤。它表面的竖沟如我额头的深深皱纹。因为那是出自于我的手笔的一颗瓜呀。因为那是灌注了我的心血的一颗瓜呀。一颗老出了野心老出了芬芳的老南瓜！虽然漂泊海外，感觉得到，它却被一根无形的横跨大洋的蔓子牵扯着，而蔓子连着老根，老根深埋而纠结，在我亲爱的故土，在陕北的黄土地上。

感觉得到，我一铺开宣纸，那老根便蠢蠢而动，那老根周围的一切便蠢蠢而动，于是，那宣纸上所显现的，便是陕北的山，陕北的水，陕北的糜谷气息、油炝泽梅的气息和山丹丹花的略含苦味的清香了。而我也乐于与老根产生爽彻心脾的生命共震。所以我的中锋侧锋逆锋，所以我的浓淡干湿，所以我的钩点皴擦，都情意深深，颤动着信天游一般的旋律。

那抒情般的画画过程是再可人不过的了。我的笔在纸上皴，皴，越皴越感到如风雨剥蚀着什么，千年风的剥呐万年雨的蚀，剥蚀中，发觉这纸哪里还是纸了啊，这纸；这纸有了石的质感，石的棱角，甚至皴时有了响声并火星欲冒；再皴，一块山石出现了，两块山石出现了，三块山石出现了，石石相钳，如生成于远古的地质活动，并且在上面堆积了厚厚的黄土层，于是一座山兀自里矗立起来，那便是陕北的山。接下来，我的笔在纸上挥洒，笔锋上墨水相融，墨水又与感情相融，一处处融开去，一处处浸开去，一处处渗化开去，真宛若是一种化学反应或生理反应或心灵反应，这反应变化万千妙趣生，几多诡谲几多奇。默默地看着它们在怎么游移变幻，有时候我真是喜欢得不得了,因为它硬是遂了我的心意,成了我预想的景观。有时候我又紧张得不得了,因为看看它们竟如山洪横流,所以赶紧用纸去沾,去堵,结果还是成了一片黑水洼了,我便觉得是亵渎了我亲爱的陕北的那份美丽,因而气急败坏,捶胸顿脚。但有时候呢,我去画别的地方了,我以为这案头上宣纸的天地只有我一个人在动作着了;然而大谬!那壁厢,喜讯却正在孕育。那是眨巴着眼睛的水墨还没有闲着。悄没声息地,像一个夜行侠,水墨正在匍匐潜行。嗬!一个不留神,奇迹便和我碰了个满怀,啊奇迹!——这儿竟成了一道主动脉连着无数毛细血管一样的沟渠了,陕北山洼里的沟渠,沟渠里疑有野兔出没;那儿竟成了一丛丛茂盛的草木了,野艾,马莲,酸枣,木瓜,马茹子,山丹丹,张扬着高原特有的活力和灵气,我不禁惊喜得弹跳起来。接着我又蘸足了墨,用墨去画窑洞,窑洞响门亮窗;接着我又蘸了墨,用墨去画碾磨,碾磨米面飘香;接着我又蘸足了墨,用墨去画一个年轻女子,锅台前的二妹妹听见了什么?——听见哥哥马蹄子响,扫炕铺毡换衣裳!她的惊喜的一切,虽然隔着关闭着的窗户,猜想人们也似乎是能够看到的了。有一次,我在那画上题款曰:

水墨故土欲成诗,
沟沟峁峁都是字。
情在哪里意在哪?
每棵酸枣每块石。
败笔犹如穿心刺!

文有文脉,画有画理,而经验里,文脉画理中更都共同闪耀着两个令人神迷的醒目篆字:灵感。灵感如电光火石,却又常常隐身不显，它只是在偶然间的一个经典时刻，才能迁想妙得。那天灵感忽入梦中，我披衣而起，下床即画。不！其实我所看见的挥毫者，应是别人，应是高人，或者应是半人半仙，吾只是一个旁观者也。只见他笔下的线条虚虚实实，浓浓淡淡，粗粗细细，忽然间他的笔又蘸饱了墨和色，只见那笔交叠挤压，横扫狂泼，一忽儿便把一个雷雨过后的陕北高原，就画得清新壮阔，磅礴雄浑，气韵淋漓。这时候只见他又以沉着老辣之笔，在高高的山顶上画出了陕北的典型的好后生，朴实，憨厚，强健，羊肚子手巾红腰带，感觉得到，后生的胸脯在微微起伏，一股直冲云天的向上之力，从他的身上破唇而出，而整个画面上的一草一木一土一石都冒出着袅袅地气，都托扶着这力在升起，升起，那升起的当然是信天游了——飘飘逸逸的信天游，酣畅嘹亮的信天游，万年不朽的信天游

　　这高人当然应是我企望中的自己。而那后生呢，确实系我所画。我隐约看出那后生身上有我的影子。我觉得我多须的唇间还残留着信天游的余音。于是古稀的我倏忽间成了后生一个。想起曾说过的"我下辈子要学画画吧"的话，便觉得自己已经进入下辈子啦，眼前的后生就是证明。后生野心勃勃地想举办一次画展了，野心勃勃。不为别的，一为充盈艺术之河，二为昭告今人和后人一句也许是可以振聋发聩的话：每个人都可以活出两辈子！

这就是生命

我们去年才把家搬到这里。

这里是二三十年前修下的老房子了。原主人是个黑人。那黑人也许日子过得非常窘迫，也许有什么无法摆脱的心事，总之，好像老是处于心不在焉的状态。不是么？你看，一个面积颇引人喜欢的很大的后院，却荒草萋萋，还是一片原始状态。

因为院子确实很大，我们也没有力量在两三年间雇请人将它整好。于是我们买了一台锄草机，每过一两个月就将那荒草剪锄一遍。

荒草种类很多，但主要是狗尾巴草。故事就出在狗尾巴草的身上。

我们一遍一遍地锄，狗尾巴草一茬一茬地长。

长起的每一茬狗尾巴草，它的顶梢都有状似狗尾巴的毛茸茸的穗子在风中摇曳。那穗子活像无数碍事绊脚步的烂矛破戟，看一眼都让人心里发毛。狗尾巴草就用这穗子结籽和繁衍后代。我捧起看了看，穗上结了数不清的种子。我想，只有锄得更勤，才有希望使来年的院子荒草断种。

我们就每过两三个星期锄一遍了。我们有时候为此累得浑身酸疼，因而望着狗尾巴草生气，气极了，就骂它，踩它。

但我们一遍一遍地锄，狗尾巴草还是一茬一茬地长，一茬一茬地结穗子，变化只在于，个头日趋低矮，穗子日趋瘦小。

其后我到外地去了。我回来已是暮秋天气，桃杏和槐树已经落尽了叶子。门前新栽的两棵桔树结满了颗颗小太阳似的金球。

我走后院子里的锄草工作，家人是一直坚持着的。

可是我看院子，狗尾巴草居然还都未曾消失。

我先是吃惊，气愤，无奈，继而，神差鬼使似的，很有些肃然起敬了。

狗尾巴草虽然只有两寸多高了〈通常是长半人高〉，却都结着小小的穗子。好像进了小人国似的，小小的茎、叶、穗却都非常完整的铺了满满的一地。那狗尾巴草的小小的穗子在斜照过来的阳光之中，周身的细芒挑着颤颤的露水珠儿，朦胧至极，妩媚至极。仔细看时，每棵狗尾巴草都无法掩盖自己的疲惫之态，但于疲惫中却迸射着咄咄逼人的不灭的生机。它们好像含着泪水在说："我们咬碎牙关，奋争了整整一年。"

一曲劲歌，仿佛骤然响起。

仿佛劲歌直上云端。

谁在唱呢？

——唱歌的是被宰杀了数十次的生命；数十次也不死，也一次次倒下又站起来了！

它在绝境中求生，绝境中歌唱，寻常的呼吸被它升华为永恒。

是的，这就是生命，生命的可叹处正是这样。它为了把大自然的神圣创造延续下去，坚韧卓绝，锲而不舍。它仿佛即使没有茎干了，也要在根上结出几粒种子！——啊，这就是生命！

鞋 垫

　　我从刚学会走路到迈步在大学的林荫道上，脚上的鞋，悉为母亲一针一线所做。其间我总共穿破过多少双鞋？回答起来，恐怕比回答一座房顶上到底有多少页瓦还难以说清。只记得母亲似乎常年都在为我纳鞋。母亲纳鞋十分用心，每纳一忽儿总要抬起手来，把针在头发间蹭一蹭。

　　我幼小时母亲长了一头好头发，每当她洗头时，满脸盆里就好像滚动着浓黑的乌云，那乌云直往盆外溢流。可是有一天我忽然发现，就在这一蹭一蹭之中，母亲洗头时头发再也装不满脸盆了。

　　参加工作之后，我有钱买鞋了，布鞋、皮鞋、胶底鞋，随烂随买，再也不用母亲为我纳鞋了。可是母亲又想起给我纳鞋垫。我是汗脚，袜子常是潮乎乎的，有了鞋垫后，感觉舒服多了。母亲看我喜欢，就不断给我纳了起来。几年下来，尽管她给我纳的鞋垫已经穿不了啦，可她总是不忘每年都要给我纳上好几双。她给我纳的鞋垫从来不扎花绣叶，就像她那颗心一样天然，本色，朴素。准备纳鞋垫时，母亲先是翻箱倒柜地搜腾碎布，然后一块块洗净，熨平，紧接着打浆糊，抿袼褙，再以后拿起剪刀，细心地剪成雏型。纳鞋垫时，她仍然是当年给我纳鞋的样子，每纳一忽儿总要抬起手来，把针在头发间蹭一蹭。只是，我心酸地看见她的原本极有光泽的头发，日渐干枯了，灰暗了。

　　几十年过去，母亲背驼了（后来明白，是因为骨质疏松），并且有了冠心病，身体大不如前，可是我的鞋垫却有增无减，因为母亲过些天还是总要给我纳上一双。我拿出积攒下的鞋垫恳求她："妈！你看这鞋垫还有这么多哩，你快别纳了！"可是她不听，她含笑说："反正我闲着没事。"那时候我已戴上老花镜，可是母亲的眼睛出奇地好，她从来不借助任何眼镜，针脚却纳得横是横竖是竖，整齐、匀称而细密，只是纫针要别人帮助一下。现在我想，她的那未随年事而有大的减损的好视力，肯定是凭借着一种神奇的精神潜能，而维系下来的。她是力图多呵护我几年。在她眼里，我永远是个孩子啊！

　　母亲晚年的时候，遭遇了一场极大的不幸，摔了一跤，髋部骨折。根本原因是骨质疏松。那时她所忍受的痛苦，是常人绝对难以想象的。后来虽然做了手术，骨头算是接起来了，但是她从此再也不能行走了。这时，只是这时，她身上终于有了歇下来的部分，那是腿；但是她却加紧了手中的针线活，一双手更加忙碌起来。其时她住在我的小家，我的几个儿女们的针线活，全被她包了；但与此同时，给我纳鞋垫的事情，她还总是月月不忘。有那么一些日子，只见她白天纳，晚上纳，在她床头上，几乎每天都有新纳成的鞋垫出现。我劝她劝不下，便想，老人家一生劳碌惯了，让她闲着坐在那里，她也许会不舒服的，遂任她去纳——当时想得就是这么简单，再没有想到别的任何什么。我后来有一天忽而恍然大悟：我好愚钝啊！当时的实情应该是，母亲知道自己来日无多，大限将至，便想争分夺秒地给我尽量多地留下一些鞋垫。于是我便想起中唐诗人孟郊的写母爱的千古名句了："临行密密缝"。而在我们母子之间，当时临行的并不是我，而是母亲！是的，那时母亲将要走了，将要离开这个世界而一去不归，但她多么淡定而从容！她纳啊纳啊，她仍然保持着过往数十年间的习惯动作，每纳一忽儿总要抬起手来，把针在头发间蹭一蹭，只是，这时候她的头发不但全白了，而且没几根了，就像冬天的残阳照着的昏黄的原野上，一些荒草在西北风里顽强地摇曳。

母亲是1998年去世的，到现在，已经有十六个年头了。现在我也已成了一个迟暮老人了。但我脚底下至今还被母亲给我纳下的鞋垫干爽着，舒适着。不但如此，母亲给我留下的鞋垫还有一叠根本没有沾过脚呢，还分别放置在我的衣橱、衣箱、旅行包和其它地方。我找出一些大致数了数，已经有十七、八双之多。我现在腿脚有了毛病，走动越来越少，看来，我即使活到九十岁，一百岁，这鞋垫怕是也穿不完了！

我把这些鞋垫久久地抚在胸前。这些鞋垫都不厚，基本都是一毫米左右。但是我想，由于有这些鞋垫的衬垫，多少年来，我硬是比原本的自己高出了一毫米左右。而这还非常次要；主要的是，由于这些鞋垫上所寄托的伟大母爱，由于我深深明白母亲对我的殷殷期盼，我身上对事业的牛劲、韧劲和钻劲，甚至包括由此激活了的想象力，也应该比原本的自己高出一毫米左右。记不得是谁说过：成败常在毫厘之间。人和人才智的高下基本也在毫厘之间。一念之差，往往酿成云泥之别；一张窗户纸够薄了，然一旦捅破，就可能顿时发现一个惊世奥秘。如果说我这几十年还算取得了一点点的什么成绩，那么，我要说，它绝对是和这一毫米左右分不开的。

现在母亲已经到蓝天白云深处的天堂上去了，但我只要想起她，就会想起她给我纳鞋垫时的辛苦专注的样子。她每纳一忽儿总要抬起手来，把针在头发间蹭一蹭。母亲！你那永恒的千秋不朽的动作上面所闪耀的，是人间的第一至情啊！哦！我亲爱的母亲！

奇崛的一群

陕北北部的榆林地区，位于毛乌素大沙漠的南缘，北为风沙滩地，南为峁梁丘陵沟壑。古时繁衍生息在这儿的人们，除了汉族外，还有匈奴、鲜卑、羯、氐、羌等少数民族，曾经军民参半，厮杀不息。地里种着谷子、糜子、洋芋，圈里养着毛驴和羊群。市镇的街上，既可以看见风度翩翩的少男少女，也可以看见身着西装的中年汉子，红裤带从衣襟下露了一堆，骑着摩托车飞驰而过。多种文化在这儿交汇，农与牧在这儿交错，传统与现代文明在这儿交揉，身临其境，很有些历史的苍凉感。

由于诸种因素，这片地方便有了令人为之惊异的奇处：土地瘠薄，却人口密集；文化落后，却盛产民歌；光景贫苦，却爱好卫生；讨吃要饭，却说笑连天；人们的吃喝极差，却男壮女美；出外当了干部或工人，虽然来自穷乡僻壤，却并不畏畏缩缩，反而很有些强悍。这是人们已经知道或感觉到了的。还有些什么未被注意的呢？

幽默感。幽默感便是其中之一。从延安去榆林，一上汽车，便会感到扑面的幽默气氛。这是在别处很少能遇到的。司机是榆林地区的人，助手是榆林地区的人，旅客大多也是榆林地区的人，他们一路尽说一些十分幽默的话语，逗得人人发笑，使汽车载着三四吨的笑声飞奔。路上有人招手，车停下来，上来的是个老实巴交的小伙子，手里提着一个帆布包，沉甸甸的。助手便问："提的炸药？"

答："不是。""雷管？""也不是。""啊呀！"助手便瞪圆了眼睛，"你怎么连雷管也不拿？"人们已笑成一片，助手却还要添趣："你们平安到了榆林，叫我怎么向市长交代？"好像他们的市长是专门以灾难取乐的。但如果人们要说市长的不是，他又要竭力维护了。问他为什么，他便会做出神秘的姿态，悄声告诉大家："说了你们可得保密。市长呀，市长是我娃他二爸。"二爸是二叔。看着他套得那么近乎，好像他真是市长的手足兄弟了，人们自然又以笑声回报。

在榆林地区的绥德城呆上几天，那幽默，那风趣，更是满城盎然。好象满城的生意人都长满了诙谐的细胞。一个卖肉的老汉，胖乎乎的，穿个背心，戴个白帽，把扁担竖栽在短墙边，扁担钩上吊了半扇子猪肉，他以生动的顺口溜招徕顾客："我的猪肉肥，我的猪肉香，吃了教你更漂亮！"过来一个俊俏女子，嫌太肥，不买。他又道："你要瘦的也有瘦，吃了教你更风流！"女子还是不买，他便冲口说出新的词句："如今的年轻人真奇怪，肥的瘦的都不买，你妈妈见你空手回，劈头给你两锅盖！"他的周围总是笑声不断。与其说他是卖肉，不如说他是做幽默的艺术演出。卖多少是次要的，只要赢得了人们的笑声，他就高兴。而只要向前走走，又会遇到一个更风趣的人。那是一个卖泥娃娃的中年人。他嘴里噙个烟袋，双手端了一簸箕泥娃娃，一边走还一边摇头晃脑；放簸箕的时候，被谁碰了一下，许多泥娃娃掉下去了，烂成一堆。这时候，他伤心吗？他懊丧吗？伤心懊丧是有一点的，但只在眉头和嘴角一闪，便不见了，即换上了乐天知命和笑容。而且，他还像局外人一样，像打烂泥娃娃、做了赔本生意的不是他自己而是别人一样，便乐哈哈地说道："啊呀！这人马还没上阵，就给老爷先牺牲下了！"人们笑说："老二！这下届下了！你那厉害婆姨非拧你的耳朵不可！"他道：

"拧叫拧吧，我这耳朵正痒痒哩。"人们给他送了个外号，把他叫"老洋人。

像这号"老洋人"，无论在这一地区的米脂还是吴堡等县，比比皆是。有一个有趣的故事，因为年代较远了，已经说不清它的主人公是这儿哪个县的人了，留待查考。这个主人公，于六十年代，相跟了几个同伴，一道来到西安。他想撒尿了，可是走了好几道街，硬是找不见厕所。他们又到处寻找，仍然大失所望。他憋得实在受不了了。面前是一家商店的侧墙。"真是活人还叫尿憋死了，尿！"同伴怂恿他。"对，活人不能叫尿憋死！"他边解裤带边说，"咱们的古人确实伟大，专门给我准备下这句好话，为我解决现实难题。"但是，他刚要尿，身边来了一个人，干涉道："你干啥？"他答："啥也不干。""不准随地小便！""我又没尿。你看，地上干干的。""还嘴硬？城里的规矩你知道不知道？"那人的眼睛盯着他解开的裤子。他却轻松地说："规矩再多，我把我自己的东西掏出来看看，还不能了？"那人本来气呼呼的，经他这么一说，卟哧一声笑了，笑得说不出话来，用手指指他，遂了却了这件事情。那人刚走，他的怀前便有了一条痛快淋漓的白亮的曲线。

榆林是地区首府，荟萃了各方能人，也荟萃了风趣和幽默。连警察都惹得人忍俊不禁。警察站在十字路口的交通指挥台上，满脸胡茬，眼睛明亮有神。他指挥车辆的动作干净利落。离他不远的地方，一男一女，两辆自行车相撞，都跌倒了。于是互相吵起来。警察一眼看出，完全是男方的责任，他便走到男的面前，说道："你夜黑地大概酒喝多了。"男的说："喝了也散了。"警察又道："我夜黑地也喝了几盅，如今还晕晕糊糊的。"莫看他就像耍笑，可是处理这一问题，却十分认真。他看女方的自行车被撞坏了，让男的给赔偿十五块钱。男的只想赔十块钱，警察说："你想讨价还价，我也想做生意哩，我家里还有两瓶西凤酒，等我下了班，你来找我，咱再搞捣——好商量。"认真中有诙谐，诙谐中有认真，没有一句声色俱厉的话，却软中含硬，笑中含铁，问题得到了圆满解决。这男的也许见惯了这样的警察，不觉得怎样；如果他是个外地人，见警察这样处理他的过错，他一定会感到是一次精神享受，说不定除了给女方如数赔偿外，还要请警察一道去看一场电影呢。

在榆林的街上走，吵架的事情还看到一两件，但不多。好些如果在其它地方出现也许是要闹出人命的事情，但在榆林，由于人们的幽默性格，往往大事化小，小事化了，一笑了之。比如说，一个人把另一个的脚踩了。踩的人还来不及道歉，被踩的却抢先说："对不起！我把你的脚垫了。"好一个垫字！他陪着一脸笑容，仿佛吃亏的真是别人。而他一拐一拐地转过弯弯之后，才说："哎呀，把他爷爷可踩疼啦！"他是笑着对他的同伴说的。

这种幽默感，是渗透在骨头里的，即使是在为个人利益无理取闹的时候，在大动肝火的时候，也会表现出来。从榆林走出去不远，有一小县，县里有一个后生，他爷爷是革命先烈，已经死了几十年了，他是农民。他向县上要求享受特殊的待遇，县上按照政策，不能答应，他便把他爷爷的尸骨从烈士陵园挖出来，抬回家中，并在烈士陵园贴出声明说："鉴于我爷爷已对历史失去了推动作用，应该退出历史舞台。"乡邻问他："为甚把你爷爷搬回来了？"他说："我爷爷吃的是商品粮，可是看我如今还受苦受难，还是农村户口，气不过，就把商品粮往下一掼，叫我接回来了。"他天天给他爷爷烧纸钱，并且口中念念有词："爷爷！都是一百块钱的大票子，你想买什么就买什么去；只是一样：千万别往银行存。如今物价一股劲地涨，存了划不来。"县上看他闹得不行，给他安排了一个集体工，他还看不上，对县长说："你们政府吧不能让我工作工作？"他的这些作为也够幽默的了，可惜和赖劲混在一起，引起的笑声，也只能和他的作为一样变了味道。不过，像这样的人，包括当了干部或工人习蛮于外部世界者，与榆林地区的全部人口相比，毕竟微乎其微。这儿的人，特别是生活在农村的人，还是相当憨厚的。但憨厚中也透出幽默的光彩。正味的幽默像旭日洒下的万道金光，流淌在榆林地区的大地上。

而对幽默趣事，这儿又有许多宣扬的能手。他们是一批更加幽默的人物。趣事经他们添油加醋地宣扬一番，变得更加有趣，更富于艺术的魅力。他们以此为最大的快乐。他们以逗得众人发笑为最大的快乐。他们以众人的最大的快乐为最最最大的快乐。他们常常是在家里呆不住的，他们耐不住孤独和寂寞；如果遇到一件最新趣事，他们就在家里更呆不住了，不管婆姨已经把饭做好了，不管孩子哭闹着要叫他抱一抱，不管院里的老母猪把柴垛拱塌了，棉袄一披，就跑了。他们也真有那份出众的引人捧腹的才华。只要见识见识他们的那张传神生花的嘴巴，谁都会在心中暗暗佩服。但是，这样的人，最好让他们单个活动；要是两三个碰到一起，那可麻烦了，非急死一个不可。你能说，他更能说，一个想压倒一个，结果，谁也说不出一句囫囵话来，都急得脸上青筋端冒，嘴里唾沫星子乱溅；如果是坐在炕上，你看吧，两双手或三双手都急得直拍席子，只见手上手下，手跳手舞，手颤手抖，手闪手晃，手摸糊成团团灰影。而满窑里只响着一个声音：啪啪！啪啪啪啪啪啪啪！他们急什么呢？急的是由于自己插不上嘴，榆林地区这块广袤的土地，笑声还不多，幽默还不足。而其实，他们的这种表现，又给榆林地区增添了更多的喜剧气氛。榆林地区沙子上落着幽默，树梢上挑着幽默，想来，从榆林地区刮过的一阵一阵的老黄风，里头有沙子，有树叶，但是，更多的当是幽默。

透过幽默，我们看见什么呢？我们看见了性格的自在，精神的舒展，心灵的洒脱。他们虽然贫穷点，但是他们积极乐观，活得痛快。他们真有点超尘脱俗的仙味。他们不像别的地方的人们，活得那么拘谨，那么累，有那么多的烦恼。这恐怕要归功于严酷的自然环境和多种文化的交汇。前者磨炼了他们，后者优化了他们。他们是我们这个伟大民族中奇崛的一群，而他们的奇崛，他们的闪烁异彩的幽默感，正是我们的民族相对薄弱的方面，所以弥足珍贵。我们不断丰富着的民族精神的新的轮廓线，应由榆林地区的人们和一切富于幽默感的男女同胞们，涂上重重的一笔。

天碑为她而生

人生是条河吧，一离开源头就忙忙碌碌地奔跑而去，辛苦死了；人生是朵云吧，一成型就欢欢乐乐地悠然飘飞，自在死了；人生是棵树吧，一出土就拼命地往高生长，急切死了。但河，你浇灌过干渴的田野吗？但云，你发出过灿烂的霞光吗？但树，你结出过香甜的果实吗？

我想，这人的河，这人的云，这人的树，只要问心无愧地有过爱，有过善良的心，有过真诚地哭和笑，有过对这世界地付出和奉献，要是有一天忽然消失于无形，人们必会痛挽，必会落泪，必会十年百年地念想缕缕不绝。这样的人即使坟前不曾立碑，我发现，天地也会给他生出一块来的。

我的这幅画上所载的，就是这样的一通天造地设之碑。那薄薄的纸，小小的山，簇拥的草木，不知何能托起那么重的灵异份量？

神使鬼差一般，它是我2016年年初画在宣纸上的。这当然也是真的。我不知道当时为什么要画，也似乎想不到怎么一画就能画成这个样子，简直像做梦一样；起码可以说不是刻意为之；我当时只是像一个头戴草帽的陕北老农，站在雨刚停歇的山头，笑看那潺潺的流水随着大地的脉动和动植物的呼吸，流淌渗化，渗化流淌，然后神话一般，一通巨碑便兀自里在荒山间宣纸上猛然矗立，带着泥土的气息和彩墨的芳香。未经怎么思忖，我即名之为《天碑》，挥笔写在上面。我的这一切行动，也许是冥冥中的什么早有预知，在支使着我在干的吧。到不久之前的这年年底，冷风横吹，乱叶飘零，一朵与我厮守了几十年的强健之花，忽然间无语凋谢……凋谢了……但凋谢，也凋谢得那么凄美和决绝，让人血管里都一下子结满了冰碴子。我终于明白，这碑，是天为她而生，是地为她而生。

一般的碑都是人们安放下的，而这碑，却和山石浑然一体，它就是山石上突起的一块山之奇石。碑上闪耀着日月之光。碑上浸满了我的和许多人的泪水。人们都为她哭泣。她单位的同事们和另外许多朋友，都在唁电中说出了痛惜的言辞；她对她的事业做出过重要贡献；她在我们最困难最无助的时候，帮助过我们，我们终生不忘；她是大家学习的楷模。

天碑高耸。天碑周围的草丛中，有蝴蝶在飞，有振翅的蝈蝈在歌唱，还有晶莹的露珠儿一滴一滴地落下，重新化开早已干涸了的彩墨，那彩墨在天天开出耀眼的花朵。甚或，每年到了秋风吹拂之际，也会有一伙小姑娘结伴来到这里摘酸枣，打打闹闹，兴致来了的时候，还会一起唱上几句好听死了的信天游，好听得令人心尖尖打颤。我想，她将不会寂寞，她将会常常悄悄地笑呵呵地走进我的梦中，伸出她惯常的温存之手，轻轻地梳理小孙女的柔发，并教她一针一针地学织毛衣。

我的杨家岭

本来是陕北高原上一道普通的山谷，东边的山顶上却还有生了苔藓的倒了或站着的石人石马，述说着历史曾在这儿闪烁过一些什么。就在这道山谷里，一直生息着十多户扛犁牵牛的庄户人，如长了一些随处可见的黄蒿和酸枣。在一个大时代的风云际会中，几乎在一夜之间，这儿却齐臻臻地出现了许多伟大人物，如满目耸起了千丈大树，霜皮溜雨，黛色参天，风摇着它们的光影时，整个神州都会感到晦明的变幻。这便是延安杨家岭了。

作为一个小草似的小学生，在稍后的一些日子，我有幸在这儿生活过好几年。

我和同学们每人扛了两三个课凳，或者两人抬了一张课桌，从刘万家沟的延安二保小出发，汗流浃背地走了近三十里路，来到杨家岭。一路上我们碰见的人，都好奇地望着我们，不知这些公家娃娃在干什么，也许会联想到蚂蚁搬家。杨家岭当时是延安一保小的驻地。当我们把课凳课桌从肩上放下来的时候，延安一保小、二保小就随之在历史上消失了，两校合并成一个新的学校——延安保小。

我以十二岁少年的目光环视着杨家岭：被战争破坏成废墟的中央大礼堂，依然十分雄伟；部分损毁了的中央办公厅的造型如飞机的"飞机楼"，也显得气度不凡；山坡上一排长长的石窑洞，整齐而又敞亮。阳光暖暖地洒了一沟，把石头都照得像上了些釉子。原一保小的同学们热情接下了我们手中的桌凳，放到早已安排好的地方，然后玩耍去了。他们滚铁环、弹珠珠、翻双杠，这些就不用说了，最特别的是"顶拐拐"。"顶拐拐"不借助任何玩具，只用分开的两手把左腿扳成一个三角状，用成了锐角的左膝盖与同样是此种姿态的同学互顶起来，右腿则支撑着身体，跳动着。

我们第二天就在领袖们当年住过的那一排石窑洞里坐下来了。杨家岭应能感到，这里多了一些孩子圆溜溜的黑眼珠，其上下的睫毛总是在眨眨闪闪。

我太喜欢这里的石窑洞了，它简直是奢侈的教室。我们原来在刘万家沟时的教室都是低矮寒碜的土窑洞。学校计划让我们二保小来的五年级，与这儿的五年级合并为一个班，但合并前要检验一下我们的水平。于是老师出了语文题考我们。题目中有邹韬奋文章中的一些成语，比如"颠沛流离""甘之如饴"等等，让我们解释。我们几乎百分之百地如坠十里雾中，抓耳挠腮，回答不出。我们从未学过这类东西。我不由再次注目杨家岭了。我立时感到这儿的文化再不是"东山上点灯西山上明"了，这儿的文化非常深奥。要想在杨家岭得意扬扬地学习并玩着，是需要一种高度的。结果，我们只能被插入四年级。

其时，边区时代已然渐行渐远，但它把这浑厚的土地，内含新鲜汁液的梨树和木瓜，以及传统气息，悉数留给我们。我们自己种起了蔬菜。

从杨家岭沟里走出来，再沿着山根向城里的方向走去不远，有一处从石缝中渗出的水源很足的山泉，那儿就是我们班的菜地。我们种了西红柿、黄瓜、茄子和辣子。肥料是从学校的厕所里抬去的茅粪。那茅粪滴滴答答地洒了一路，味道很有点臭臭的，而我们走得趔趔趄趄，也显得丑丑的。但臭臭的和丑丑的加起来，未尝不是一首绝妙好诗。由于水足肥饱，我们的菜蔬长得非常可爱。我们总是在那里一边吃着西红柿或黄瓜，一边欢乐地浇水施肥。我很喜欢看一勺勺茅粪浇到渠水里去，随着水流急急地向菜根们奔去；菜们好像立时唰唰变着颜色，很是动人。收工的时候，我们总要抬了满筐子的菜蔬，送到灶房。

也像边区时代一样，每天早晨和傍晚，我们都要以班为单位集体歌咏。差不多每班都有一两个指挥人才，十分帅气地抡着嫩胳膊，很有几分冼星海当年指挥《黄河大合唱》的样子。除此之外，拉胡琴，弹三弦，吹笛子，蔚然成风。乐器大多是自造的。我就曾从延河边抓了一条花蛇，剥下它的皮张，做了一把音色极好的二胡。每天晚饭之后，艳红的夕照之中，杨家岭的山山峁峁、旮旮旯旯，都有同学们在神气十足地歌唱、演奏。杨家岭简直成了一个音乐谷。

每当元旦或者春节，我们都要去延安市区演秧歌，这也应是边区时代风气和作派的一种延伸。我在秧歌剧中扮演过不少角色。要是秧歌剧曲子不好，我们的教导主任王老师就信手另写出一批，我因之对他肃然起敬。我从此嘴里常哼哼着，很想自己也能哼出一支好听的曲子。

我们的同学有的六七岁，有的已经十六七岁了，多是烈士或有一定资历的干部的子女，也有革命队伍中的伙夫或马夫的子女，这无疑透露出一种平等。那时低班还配有保姆，就住在教室窑背上靠山的土窑洞里，我们高班宿舍在最高的山旮旯里，每天由两个值日生给山上抬去洗脸水和饮用的开水。我们宿舍周围没什么好看的景色，但我们的班主任杜老师是个能人，他把一颗颗吸去蛋清蛋黄的鸡蛋壳涂抹成鲜艳的什么水果，高高悬挂于荆棘枝上，照得我们单调的心灵有光有色。

就是这个杜老师，一次在课堂上讲了叶圣陶的《古代英雄的石像》后说，希望我们的同学们中间将来也能出现一两个作家。后来，杜老师倡导我们班办起了名叫《火星报》的壁报，并不断督催我在壁报上写文章。

那些年，解放战争还在进行中。当解放了拥有大型纺织厂的宝鸡之时，上级特别关怀我们这些孩子，在大家都穿劣质粗布衣的情况下，给我们每人发了一身蓝色卡其布制服。我们当然很得意，常常穿着那衣服在街上显摆，总能吸引不少目光。穿脏了的时候，我去杨家岭沟口的延河畔洗，谁知一不小心，衣服竟被激流冲走了。我怎会甘心失去它，硬是顺着水流的方向冒险蹚入下游的深水区，水都淹到胸前了，但还是没有找到，好多天闷闷不乐。谁知当我完全将它忘却了的时候，杜老师却拿来一件衣服，在我眼前晃了晃。我一看，正是我的呀。杜老师笑眯眯地对我说："衣服肯定是要归你的，但是有个前提条件，你要认真写一篇文章，给《延安报》寄去。"于是，我便写了一篇题名为《我真佩服田双》的文章。不料刚过几天，文章就发出来了，还寄来了一些稿费。这事在学校震动可大了，于是一些同学找上我来，组织了一个通讯组。

延安的夏天有时酷热难当，但是已成废墟的中央大礼堂凉风习习，是练习写作的好去处。那儿四壁高如悬崖，空空的顶上是天和云彩；里面没有桌椅，却长了半人高的蒿草，时有麻雀和燕子啼鸣着飞来飞去。我常和通讯组的同学钻进大礼堂，随手搬几块砖坐下，分头写作或是一起讨论。有时蚂蚱还会猛地跳到我们的怀里，仿佛也想说点什么。

那是在草丛之中，诗意之中，浪漫之中。许多草是开了花的，有的上面还颤着雾般的蜂翅，愈显得诗意和浪漫。

不久我们的稿子接二连三地在《延安报》上发表出来了，有报导，有短文，也有诗歌和快板。

　　其时，那座飞机楼——国宝级的建筑，学校却是用来做灶房的。柴烟、蒸气和香味，常从那儿飘漾而出，游走在杨家岭的角角落落和我的呼吸道中。飞机楼前面的院子，那应该是世界上最著名的院子之一。人们说，在1942年的某一天夜晚，这里曾经高挂过一盏汽灯，出席延安文艺座谈会的作家艺术家们，在灯下聆听过毛主席的总结讲话。而此刻，它既是我们的操场，又是我们的饭场，每次开饭的时候，我们就集聚在这儿用餐：每班蹲作一圈，圈里放着菜桶和笸箩，笸箩里盛的是作为主食的馍馍或肉卷子或小米干饭。抬头看天，有时候蓝得虚虚幻幻，有时却有黄风刮过，发出一阵阵哨声，但这些都不能左右我们的食欲。我最喜欢吃的当然是肉卷子了，那是剁成丁丁的猪肉和大葱，用发面卷了上笼蒸出来的。至今想起来，仿佛在回味一个美梦。

　　有一天我们正蹲在这儿吃饭，霍校长兴冲冲地走来了，让我和通讯组的另一个同学饭后到他的办公室。霍校长的办公室就是毛主席住过的那孔窑洞。霍校长说："你们发表在报上的文章我都看到了，现在，连报社都表扬你们了。好好写！"其实我们已经知道了，《延安报》以编辑部的名义发表短论，号召全地区通讯组向我们学习。随后，他给我们每人发了两支铅笔和一个硬皮本子。我们能体会到那是一种庄严的奖励。那时候，一切都朴素简洁得让人终生难忘。

　　越过我们的当年向前看去——许多著名文学家都曾是杨家岭的常客；许多秧歌队都曾在杨家岭闹得热火朝天；《白毛女》的首演地也是杨家岭。杨家岭有着厚重的艺术积淀，那积淀无形中在我当年稚嫩的细胞里蠕动和发散。我之后之所以能走上文学创作的道路，一路上长出的棵棵草儿，开出的朵朵花儿，我常想，其中的一些定力、悟性和尚可称得上翠艳的东西，至少有四成是得之于此。

白天鹅洗翅

没有三秋桂子，也没有十里荷花，这湖，既不大也说不上怎么美，但因为它离我的居所只有一箭之遥，我每天至少都要绕着它的堤岸散步一回。

我散步的时候，一路所见，尽是些俗人俗事。有各种族裔的钓鱼人，常常见他们把渔竿用力一甩，渔绳飞成一个弧，卟地一下，渔钩和鱼饵遂入水了，他们就眼巴巴地瞅着；有长了很长胡子的年龄并不算太大的无家可归者，他有时百无聊赖地坐在睡袋边，独个儿数着一副扑克；有我们中国的三个五个的老妇人，见到她们的时候，她们总是坐在长椅上或石头上，身边都放着婴儿车，婴儿车上的花花朵朵们或睡了或睁着眼睛，她们则啦着家乡旧事或来美观感，偶尔还长长地叹息一声："唉！我实在想回国了！"

湖里也不见得有多么浪漫。水里有鸭有鸥有龟有鱼，还有两三种叫不上名字的水禽，它们都在为寻觅一些可吃的东西，游来游去，忙忙碌碌。有时岸上的孩子们向水里撒下些面包屑或别的一些什么食物，它们就立即鸣叫着，加快了游走的速度，从四面八方蜂涌而至。它们有时游到湖的南端一个漂满了垃圾和鸦粪的浅湾里去，搞得一身肮脏。湖里还有个湖心岛，岛上虽然有树有草，但当其中一些叶子枯黄了的时候，那儿就显得乱糟糟的；这岛的主要用途看来只是供鸭子和龟们上去做窝产卵，繁衍后代。

有一天，我正散步走过，蓦地听一阵宏亮的声音削顶而下，同时眼前迸射着一片白光。怎么啦？在最初的不足一秒钟的时间里吧，我的脑子咋能反映过来？反正疑似片片白云歌唱着落在水面，那些天上来客，那些云，一片比一片歌声美丽，一片比一片白得耀眼；或疑似是哪里的雪莲飘来了吧，一朵朵硕大的雪莲，一朵朵欢笑着欢舞着的雪莲，迅忽降落，边落边叫！当我明白之后环视四方，只见所有的人便惊异地把目光聚焦于那儿了，包括钓者，包括长胡子，包括我们中国的老妇们，甚至包括婴儿车上的黄皮肤黑眼睛的小家伙们。

"啊，天鹅！"人们惊叫。

"啊，好白的天鹅！"人们欢呼。

那真是一些从蓝天飞来的绝美使者，它们周身雪白得没有一丝杂色的羽毛，它们宽阔的携着天风的双翼，它们修长的曲线楚楚的颈项，它们黑的又在上方镶着桔黄的喙，立即和湖光水色交融在一起，透出了无限的高雅和华贵。它们使我想起了大海上的风帆，想起了月宫里的嫦娥，想起了雪后的茫茫大野。它们的身躯差不多有一米高，看来体重也足可以等同于一只小肥羊吧，但是它们每游动一步，都尽显着轻灵和柔曼。它们美得就像一首歌曲，一个梦。

我看到鸭子和鱼的时候，常常会立即把它们与餐桌联系起来，但是看到白天鹅这仙子般的禽类，心中只是一片纯净。

天鹅们从此落脚不走了。一个昔日平淡俗气的湖，从此凭添了无限的诱人气韵。不断有人跑来观看。我当然高兴异常。我增加了来湖边散步的次数。我的来湖边散步，实质成了每天的几次地对白天鹅做贪婪地欣赏。我的心和眼睛，因而得到了如醉如痴的甜美滋养。

我发现白天鹅非常珍惜自己的洁白羽毛。它们总是高扬着头颅在水中游弋歌唱，从不到污浊的湖的南端的浅湾去。有一次我看见它们中的两只竟然上了岸，静静地卧在绿草地上，把头插进翅膀里边，睡着了。它们白得如同一团温热的雪。那当儿我多么想伸出手去，轻轻地抚摸它们一把。但我后来压抑了自己的那种欲望。我怕我的凡人之手，会弄脏了它的羽毛，引它伤心。

有一天地上下霜了，湖里冒着袅袅热气。整个湖水波光粼粼。当阳光射来的时候，金光万道中，热气蒸腾为雾，雾的透明白纱帐撑起，撑起，而鸭黯然失色了，鸥黯然失色了，鱼和龟也黯然失色了，只有白天鹅在透明的白纱帐中大放异彩。人们看见的是，白天鹅，白天鹅们在洗翅！它们快捷地侧身半仰——先是向左半仰，继之向右半仰——洗涮翅翼，又快捷地恢复本来的静凫姿态。这样反复多次之后，它们居然一个个以脚蹼站在水上，展开了宽阔高洁的双翼。啊看那双翼！那是白菊花的花瓣，一瓣瓣排列有序，掮着拍着水花四溅，阳光中，漫天的率真在飞，在跳，在闪闪烁烁。刹那间我想起一首古诗了：《春江花月夜》。此刻，再没有比这首诗更能反映出我心上的美的感受了。海上明月共潮生。美丽精灵共潮生。轻歌曼舞共潮生。我看见白天鹅们一只只尽情尽兴之后，飞到湖心岛上了；我的目光也跟着移至岛上。我忽然发现，不知从哪天开始，湖心岛也变得美丽起来，上面有一种灌木的浆果结满枝头，如画家蘸了浓艳的红色，在枝叶间挥笔无数，而那画笔仿佛刚刚离开，耀眼的艳红滴滴达达往下流着。岛的边沿有开蓝花的长藤垂吊下来，浸入水中。再看上了岛的白天鹅们，只见它们大都缩起一只腿，只见它们灵活自如的美颈卷曲游动，它们开始用自己的喙梳理双翼的羽毛了，里里外外地梳理。

无比惬意的小南风在吹。

蓝天映在水里。白天鹅的倩影重叠在蓝天上。

小南风属于白天鹅。碧蓝的天属于白天鹅。清湛湛的水属于白天鹅。白天鹅是一种不凡的带着仙气的鸟儿。它们的翅翼尽管洁白得一尘不染，但是它还是要洗一洗的。它们实际洗的是自己的精神和灵魂。那是来自生命的高贵和优雅。

滚滚红尘，雅和俗互为依存，相辅相成，各有各的生存空间，各有各的存在价值。但雅，优雅，高雅，毕竟是这世界的魅力所在。

曲高和寡么？非也。白天鹅并不孤独。深谷幽兰，无瑕白玉，五彩云霞，它们都是白天鹅的知音。它们有白天鹅的华彩，它们有白天鹅的气质，它们有白天鹅的心灵秘码。应该说，它们都是白天鹅。

人里头也有白天鹅。他们生活在世俗世界又超凡脱俗。他们坚守一方净土，在时代的长河里永远不忘洗翅。

俗不可耐的人却也是客观存在，尽管它们常作洗翅状。

黑豆打架

我还在上大学的时候，一个暑假，为了写一篇报告文学，来到家乡的一个叫做折家圪梁的村子。第一天，我就被一个后生的惊人的力气吸引住了：他左右肩分别挑着两担水，竟能从沟里一歇也不歇地挑上山来！人们都把他叫做二狗子。

二狗子的家世很神秘，爷爷和父亲都是阴阳。爷爷的绝招是收毛鬼神。人们记得，每到二月二的晚上，他就提着一个口袋到野地里去了；待半夜回来，毛鬼神就被装到口袋里了，口袋还一动一动的。他用鞭子狠狠抽打那毛鬼神，使村里满年无灾无难。父亲就更神了，他把头上扎的毛巾摘下来往地上一扔，就变成了兔子，那兔子还直往人们腿底下钻呢。有一年一家地主欺侮了一个讨吃的，他看不过眼，就在大年初一的早晨给地主家使法。地主家煮了一锅饺子，揭锅一看，饺子没有了，一锅老鼠蛤蟆活蹦乱跳；而倒在粪堆上，却又变成了饺子。现在，二狗子的爷爷和父亲都去世了，只给村里留下了一些永远谈不完的奇闻怪事。如果有人不信，一些老年人便说："那还会假吗？我亲眼见过！"二狗子虽然没有继承祖上的衣钵，却也会一种本事。那本事是："黑豆打架"。人们说："可神呢，他真能教黑豆打起架来！"

我真想见识见识"黑豆打架"。但二狗子睥气很倔，我说了几回，他却像没听见一样，根本不理我的茬儿。有一天，二狗子和别人发生了争执，我说了几句公道话，这使二狗子很受感动。他终于主动提出为我表演"黑豆打架"。只见他拿来一个碗，往炕上一放，然后往里面丢了两颗黑豆。二狗子说："黑豆，黑豆，你们给我打将起来！"话音刚一落，黑豆就打起来了。两颗黑豆冲来撞去，碗里响得乒乒乓乓；有时候退，有时候冲；有时候一个又压住了一个，而被压的忽然又翻起身来，又占了上风。我正看得入神，兴致勃勃的二狗子又喊："黑豆，黑豆，你们给我脱了袄儿打！也真奇了，两颗黑豆的皮皮立即脱落下来，露出通体的黄色，就像两个光着脊梁的汉子，又厮打起来。这回打得更激烈，简直看不清它们怎么动作。后来它们竟也像人一样的打累了，似乎可以看见它们身上淌着汗，也似乎可以听见它们嘴里喘着粗气。哦，这哪里是"黑豆打架"，分明是一场激动人心的拳击比赛。两颗黑豆是两个势均力敌的拳击健儿。但它们比拳击健儿更加奋不顾身。后来我看见，它们直打得粉身碎骨，只在碗里留下一些豆渣渣。

我不迷信，知道这只是一种带着泥土气息的乡间魔术。但它留给我的印象极深极深，以至过了三十余年，至今一想起，还活灵活现。

从那以后，我再没去过折家圪梁，也多年再没有见过二狗子。可是"文化革命"中，在一个小镇子的街上，我又遇见二狗子了。然而虽然相遇，他却没看见我，我也无法和他打一声招呼，因为他搅在一派手持棍棒的农民中间，正在和另一派同样手持棍棒的农民武斗。他们武斗得真凶，呜儿喊叫，棍棒乱抡，从东头卷到西头，又从西头卷到东头，直把好些人打得头破血流。我立时想起了二狗子表演过的"黑豆打架"。但眼前打架的黑豆，不是两颗，而是黑鸦鸦的一大帮。他们有人真也是"脱了袄儿"打的，露着满膀子的肌肉疙瘩。后来，对立派被打得逃跑了，二狗子他们取得了胜利，并且抓住了一个"俘虏"。二狗子是很厉害的，他打了"俘虏"两个耳光，又恶作剧地大吼："你给我磕个头，叫我一声爷！"那俘虏浑身打颤，也真这么做了。

以后武斗升级，没出两个月，农民也拿起了自动步枪。听说二狗子越打越勇敢，脚脖子上的一条跟腱被砍断了，一瘸一拐的，还不下战场。到"革委会"成立的时候，二狗子因为曾经打死过人，被关进了监狱。监狱里也关着另一派的罪犯。戴着手铐的二狗子，在这样的情况下还和对立派辩论，骂对立派是"老保"，而且还厮打了几回。二狗子后来终于被枪毙了。

二狗子一定至死都认为，他表演的"黑豆打架"和他参与的武斗，是完全不一样的。黑豆没有灵性，没有头脑，之所以打架，是因为有他在那儿操纵；而他参与武斗，是作为万物之灵的人的自觉的行动，是为捍为无产阶级革命路线，是为不遭二茬罪，不受二遍苦。他压根儿没有想到，他参与武斗也是有人操纵着的，只是他没有条件发现罢了。而回头想想，在当时，我国有多少人成了被戏耍的黑豆呢？也许我们的后代无法理解，然而，在我国九百六十万平方公里的美丽土地上，确确实实出现过这样的奇怪事情！外国呢？外国就不会出现吗？难说。我们似乎已经看到一些胡蹦乱跳的黑豆了。人啊，人啊，千千万万的人啊，什么时候才能富于更多的灵性呢？

课本里的作家

爱阅读
学生精读版
★★★★★

序 号	作 家	作 品	年 级
1	金 波	金波经典美文：第一辑 树与喜鹊	一年级
2	金 波	金波经典美文：第二辑 阳光	
3	金 波	金波经典美文：第三辑 雨点儿	
4	夏辇生	雷宝宝敲天鼓	
5	夏辇生	妈妈，我爱您	
6	叶圣陶	小小的船	
7	张秋生	来自大自然的歌	
8	薛卫民	有鸟窝的树	
9	樊发稼	说话	
10	圣 野	太阳公公，你早！	
11	程宏明	比尾巴	
12	柯 岩	春天的消息	
13	窦 植	香水姑娘	
14	胡木仁	会走的鸟窝	
15	胡木仁	小鸟的家	
16	胡木仁	绿色娃娃	
17	金 波	金波经典童话：沙滩上的童话	二年级
18	金 波	金波经典美文：一起长大的玩具	
19	高洪波	高洪波诗歌：彩色的梦	
20	冰 波	孤独的小螃蟹	
21	冰 波	企鹅寄冰·大象的耳朵	
22	张秋生	妈妈睡了·称赞	
23	孙幼军	小柳树和小枣树	
24	吴 然	吴然精选集：五彩路	三年级
25	叶圣陶	荷花·爬山虎的脚	
26	张秋生	铺满金色巴掌的水泥道	
27	王一梅	书本里的蚂蚁	
28	张继楼	童年七彩水墨画	

序 号	作 家	作 品	年 级
29	张之路	影子	三年级
30	曹文轩	曹文轩经典小说：芦花鞋	四年级
31	高洪波	高洪波精选集：陀螺	
32	吴 然	吴然精选集：珍珠雨	
33	叶君健	海的女儿	
34	茅 盾	天窗	
35	梁晓声	慈母情深	五年级
36	陈慧瑛	美丽的足迹	
37	丰子恺	沙坪小屋的鹅	
38	郭沫若	向着乐园前进	
39	叶文玲	我的"长生果"	
40	金 波	金波诗歌：我们去看海	六年级
41	肖复兴	肖复兴精选集：阳光的两种用法	
42	臧克家	有的人——臧克家诗歌精粹	
43	梁 衡	遥远的美丽	
44	臧克家	说和做——臧克家散文精粹	七年级
45	郭沫若	煤中炉·太阳礼赞	
46	贺敬之	回延安	八年级
47	刘成章	刘成章散文集：安塞腰鼓	
48	叶圣陶	苏州园林	
49	茅 盾	白杨礼赞	
50	严文井	永久的生命	
51	吴伯箫	吴伯箫散文选：记一辆纺车	
52	梁 衡	母亲石	
53	汪曾祺	昆明的雨	
54	曹文轩	曹文轩经典小说：孤独之旅	九年级
55	艾 青	我爱这土地	
56	卞之琳	断章	
57	梁实秋	记梁任公先生的一次演讲	高中
58	艾 青	大堰河——我的保姆	
59	郭沫若	立在地球边上放号	